Besser essen
Eintöpfe und Aufläufe

Besser essen

Eintöpfe und Aufläufe

Über 100 erprobte Rezepte

Genehmigte Lizenzausgabe 1995
Nikol Verlagsvertretungen GmbH, Hamburg
Autorin und Redaktion: Helga Lederer, München
ISBN 3-930656-02-7

Inhalt

VORWORT ⎯⎯⎯⎯⎯⎯⎯⎯⎯⎯⎯⎯⎯⎯⎯⎯ 9

AUFLÄUFE MIT GEMÜSE ⎯⎯⎯⎯⎯⎯⎯⎯⎯⎯⎯ 11

EINTÖPFE MIT GEMÜSE ⎯⎯⎯⎯⎯⎯⎯⎯⎯⎯⎯ 26

AUFLÄUFE MIT FLEISCH ⎯⎯⎯⎯⎯⎯⎯⎯⎯⎯⎯ 37

EINTÖPFE MIT FLEISCH ⎯⎯⎯⎯⎯⎯⎯⎯⎯⎯⎯ 46

AUFLÄUFE MIT FISCH ⎯⎯⎯⎯⎯⎯⎯⎯⎯⎯⎯⎯ 59

EINTÖPFE MIT FISCH ⎯⎯⎯⎯⎯⎯⎯⎯⎯⎯⎯⎯ 68

DEFTIGE AUFLÄUFE ⎯⎯⎯⎯⎯⎯⎯⎯⎯⎯⎯⎯ 74

SÜSSE AUFLÄUFE ⎯⎯⎯⎯⎯⎯⎯⎯⎯⎯⎯⎯⎯ 83

REZEPTVERZEICHNIS ⎯⎯⎯⎯⎯⎯⎯⎯⎯⎯⎯ 92

Vorwort

Die Eintöpfe und die Aufläufe führen so ein bißchen ein Mauerblümchen-Dasein in deutschen Küchen. Keiner weiß so recht warum, und auch die professionellen Köche üben sich eher in Bescheidenheit, wenn es um die Ausstattung ihrer Speisekarten um Eintöpfe und Aufläufe geht. Dabei kann so ein herzhafter Eintopf oder ein phantasiereich gestalteter Auflauf ein wundervolles Essen sein. Auf jeden Fall muß der landläufigen Meinung widersprochen werden, daß ein Eintopf das Sammelsurium der wöchentlichen Kocherei sei, also Resteverwertung. So ein voller Topf mit frischem Gemüse oder mit Fleisch, fein gewürzt, der auf dem Herd vor sich hinköchelt, gibt der Küche eine herrliche Duftnote und man kann es kaum erwarten, bis der Eintopf richtig durchgezogen hat. Von wegen, daß Schmalhans heute der Küchenmeister sei, Eintöpfe können ein rundum üppiges Essen sein, das nach dem berühmten Nachschlag verlangt. Dasselbe gilt auch für die Aufläufe, die, variantenreich zubereitet, immer eine Bereicherung des Speiseplanes darstellen. Und es ist schon ein erhebendes Gefühl, wenn so ein Auflauf aus dem Backofen gezogen wird und dampfend vor einem steht. Vielleicht ist es etwas mehr Arbeit, vor allem in der Vorbereitung, einen Eintopf oder einen Auflauf zu machen, das Ergebnis wird aber in der Regel immer Freude auslösen und mit Sicherheit die Frage nach sich ziehen: "Warum kochst Du so etwas nicht öfters?"

VORWORT

Ja, warum eigentlich nicht? Mit diesem Buch haben Sie jede Menge Möglichkeiten, die Eßrunde mit Ausgefallenem zu überraschen und zu verwöhnen. Dabei ist es Einerlei, ob das Allerlei aus Leipzig kommt oder woanders her, ein deftiger Eintopf oder ein lockerer Auflauf lassen immer das Wasser im Mund zusammenlaufen. Und das will man ja schließlich.

Aufläufe mit Gemüse

KÜRBIS-ZUCCHINIGRATIN MIT SONNENBLUMENKERNEN
(für 4 Portionen)

500 g Kürbisfleisch, 1/4 l Cidre (oder Apfelsaft),
3 Scheiben frischer Ingwer, 1 Gewürznelke, Salz, 2 mittelgroße
Zucchini, 15 g Butter, 5 EL Wasser, Zitronenpfeffer, 60 g Sonnen-
blumenkerne, 15 g Butter, 200 g Crème fraîche, 4 Eigelbe,
weißer Pfeffer, Salz

Das Kürbisfleisch in 1 cm große Würfel schneiden. Den Cidre mit 2 Ingwerscheiben, der Nelke und wenig Salz erhitzen. Den Kürbis darin in 5-10 Minuten (je nach Konsistenz) bißfest garen. In einem Sieb abtropfen lassen. Die Zucchinis waschen, in je vier gleichgroße Stücke schneiden. Die Stücke achteln. Die Butter schmelzen, die Zucchini, das Wasser, den Zitronenpfeffer und Salz dazugeben. 5 Minuten kochen, dann abtropfen lassen. Die Sonnenblumenkerne fettfrei rösten. Vier Portionsgratinformen (Durchmesser 15 cm) buttern. Den Backofen auf 225 Grad C vorheizen. Die Crème fraîche mit den Eigelben, Pfeffer und Salz verrühren, die restliche Ingwerscheibe zerdrückt dazugeben. Die Kürbisstücke auf der einen Seite der Gratinform, die Zucchinispalten, mit der Schale nach oben, auf der anderen Seite einschichten. Die Sonnenblumenkerne über das Gemüse geben und mit der Crème fraîche begießen. 15 Minuten auf mittlerer Einschubhöhe gratinieren.

KARTOFFEL-KÄSE-AUFLAUF
(für 4 Portionen)

1 kg festkochende Kartoffeln, Salz, Pfeffer, 200 g geräucherter, durchwachsener Speck oder Schinken, 150 g geriebener Emmentaler Käse, 1/2 l Sahne, 4 Eier, Salz, Pfeffer, Muskat, einige Butterflöckchen

Die Kartoffeln schälen, waschen, in dünne Scheiben hobeln und 3 Minuten blanchieren. Mit Salz und Pfeffer würzen. Den Speck oder Schinken fein würfeln. Eine feuerfeste Auflaufform dünn mit Butter ausstreichen. Kartoffelscheiben und Schinken hineingeben und mit dem Käse bestreuen. Die Sahne mit den Eiern verquirlen, mit Salz, Pfeffer und Muskat würzen und über die Kartoffeln gießen. Butterflöckchen darauf verteilen und bei 175 Grad C 50 bis 60 Minuten backen. Evtl. nach 45 Minuten mit Alufolie abdecken. *Abbildung oben*

AUFLÄUFE MIT GEMÜSE

FRÜHLINGSAUFLAUF MIT KRÄUTERN
(für 4 Portionen)

*100 g Mehl, 1/4 l Wasser, 6 EL gehackte Petersilie,
1 gestr. TL Salz, 1 gestr. TL Zucker, 2 gestr. TL Paprikapulver,
4 Tomaten, 6 Eier, 30 g Butter, 1/2 Tasse tiefgefrorene feine Erbsen*

Das Mehl in das Wasser einrühren, Petersilie, Salz, Zucker und Paprikapulver zufügen und 10 Minuten stehen lassen. Eier einrühren und das Ganze mit dem Schneebesen luftig und locker schlagen. Danach Tomaten schälen, halbieren, mit einem Teelöffel aushöhlen, in Viertel schneiden und mit den Erbsen unter die Masse rühren. Die Mischung in eine gefettete, feuerfeste Auflaufform gießen und bei 160 Grad C ca. 35 Minuten backen. *Abbildung unten*

AUFLÄUFE MIT GEMÜSE

AUBERGINEN-TOMATEN-AUFLAUF
(für 4 Portionen)

*500 g Auberginen, 3-4 EL Soja-Sauce, 300 g Zwiebeln, 500 g Tomaten,
2 Scheiben Weizenmischbrot, 100 g Emmentaler-scheiben, 1/2 l saure
Sahne, je 2 EL Salbei und Thymian (gerebelt oder frisch gezupft),
1 EL Olivenöl für die Auflaufform, 100 g geriebener Emmentaler*

Die Auberginen waschen, den Stielansatz wegschneiden und in nicht zu dicke Scheiben schneiden. In eine Schüssel geben und in der Soja-Sauce etwa 20 Minuten marinieren lassen. In der Zwischenzeit die Zwiebeln schälen und in dünne Ringe schneiden. Die Tomaten waschen, putzen und in Scheiben schneiden. Das Brot toasten, mit den Käsescheiben belegen, in die mit Öl ausgestrichene Auflaufform legen. Die marinierten Auberginenscheiben in eine Mischung aus saurer Sahne und Kräutern tauchen und abwechselnd mit den Zwiebelringen und den Tomaten in die Form schichten. Obenauf den geriebenen Käse und die restliche saure Sahne geben. Zum Schluß die Soja-Saucen-Marinade über den ganzen Auflauf gießen. Zugedeckt bei 200 Grad C im Backofen etwa 50-60 Minuten garen lassen. Vor dem Servieren eventuell mit weiteren frischen, gehackten Kräutern bestreuen.

GEMÜSEAUFLAUF
MIT VOLLKORN-SPAGHETTI
(für 4 Portionen)

*250 g Vollkorn-Spaghetti, Salz, 2 EL Öl, 300 g lange Möhren,
2 Stangen Porree mit möglichst viel Grün, 150 g geriebener
mittelalter Gauda, 3 Eier, 1/8 l Milch, Salz, Pfeffer, Muskat,
1 EL Sesamkörner*

Vollkorn-Spaghetti mit Öl 8-10 Minuten in Salzwasser kochen, heiß abspülen. Möhren schälen, im Ganzen halbgar kochen (ca. 10 Minuten) und der Länge nach in Scheiben, dann in Streifen schneiden. Porree putzen, waschen und auf die Länge der Spaghetti schneiden. Porreestangen halbieren und in lange

AUFLÄUFE MIT GEMÜSE

feine Streifen schneiden. Das Gemüse in wenig Salzwasser ca. 10 Minuten garen. Abtropfen lassen. Eine feuerfeste, rechteckige Form (möglichst in der Länge der Spaghetti) mit Butter ausfetten. 3/4 der Möhren- und Porreestreifen und der Spaghetti mit 3/4 des geriebenen Käses mischen und in die Form füllen. Restliches Gemüse und Spaghetti als obere Schicht der Länge nach abwechselnd auflegen. Eier, Milch, Salz, Pfeffer und Muskat verquirlen und über den Auflauf gießen. Restlichen Käse und Sesamkörner darüberstreuen. Im heißen Ofen bei 200 Grad ca. 35-40 Minuten backen.

❖❖❖❖❖❖❖❖❖

BUNTER GEMÜSEAUFLAUF MIT MAISGRIESS UND BANANEN
(für 4 Portionen)

500 g verschiedenes Gemüse (Möhren, Lauch, Blumenkohl, Kohlrabi, Zucchini), 3/4 l Fleischbrühe, 1 Dose geschälte Tomaten (Abtropfgewicht 210 g), 1 Becher Crème fraîche mit Kräutern, 200 g Maisgrieß (Kukuruz), 1 Bund Petersilie, 2 mittelgroße Bananen, frischgepreßter Zitronensaft, 3 Eier, 3 EL heißes Wasser, 200 g Doppelrahmfrischkäse mit Kräutern, 50 g Sonnenblumenkerne, Salz, Pfeffer. Fett zum Ausstreichen der Form, 2 EL Semmelbrösel, 20 g Butterflöckchen

Das Gemüse waschen, Möhren in dünne Scheiben und Stifte, Lauch in breite Ringe, Blumenkohl in kleine Röschen, Kohlrabi in Würfel, Zucchini in Scheibchen schneiden. Fleischbrühe zum Kochen bringen, Gemüse darin sortenweise nacheinander "auf Biß" garen, mit dem Schaumlöffel herausheben, kalt überbrausen, abtropfen lassen und locker mischen. Tomaten auf einem Sieb abtropfen lassen, den Saft auffangen. Crème fraîche mit Kräutern darunterrühren, zusammen mit den Tomaten zu dem Gemüse geben. 1/2 Liter der verbliebenen Fleischbrühe abmessen (bei Bedarf mit Wasser auffüllen), zum Kochen bringen, Maisgrieß unter Rühren einstreuen, kräftig aufkochen, zur Seite ziehen, in 15 Minuten ausquellen und etwas abkühlen lassen. Petersilie waschen, trockenschwenken, grob hacken. Bananen in Scheiben schneiden, mit Zitronensaft beträufeln. Eier trennen. Die Eigelbe mit Wasser schaumig schlagen, Doppelrahmfrischkäse, Crème fraîche und Petersilie darunterrühren, mit dem Maisgrieß gut vermengen, Sonnenblumenkerne

dazugeben, mit Salz und Pfeffer abschmecken. Eiweiße zu sehr steifem Schnee schlagen, zusammen mit den Bananenscheiben unterheben. Eine Auflaufform einfetten, die Hälfte der Maisgrießmasse gleichmäßig verteilen, 1 Eßlöffel Semmelbrösel darüberstreuen.

Gemüse samt Tomaten und Sauce daraufgeben, mit der restlichen Maisgrießmasse abschließen. Restliche Semmelbrösel daraufstreuen und mit Butterflöckchen belegen. Den Auflauf im vorgeheizten Backofen bei 220 Grad C 60-70 Minuten backen. *Abbildung oben*

AUFLÄUFE MIT GEMÜSE

CHICOREE MIT SCHINKEN IN KRÄUTERKÄSESAUCE
(für 4 Portionen)

750 g Chicoree, 100 ml Weißwein, 375 g gekochten Schinken, 100 g geriebenen Emmentaler, 3 Ecken Kräuterkäsecreme, 1/4 l Sahne, Salz, frischgemahlener Pfeffer, geriebene Muskatnuß

Den Chicoree waschen, längs halbieren, den bitteren Kern keilförmig herausschneiden. Chicoree in einen Topf geben, den Wein hinzufügen und 15 Minuten garen. Inzwischen den Schinken in Würfel schneiden. Aus dem geriebenen Käse, der Kräuterkäsecreme, der Sahne und den Gewürzen mit der Küchenmaschine oder dem Schneidestab des Handrührgerätes eine Sauce herstellen.
Den Chicoree in eine Auflaufform füllen, den Schinken darauf verteilen und die Käsesauce darübergießen.
Im Backofen bei 200 Grad C etwa 30 Minuten backen.

TOMATEN-BROCCOLI-AUFLAUF
(für 2 Portionen)

200 g grüne Bandnudeln, 100 g Salami, 20 g Margarine, 300 g tiefgekühlten Broccoli, 1 kleine Dose Tomaten, 5 Eier, 150 ml Sahne, Salz, frisch gemahlener Pfeffer, eine Prise Muskat, 3 Zweige frischer Thymian, 100 g geriebener Emmentaler

Die Bandnudeln in Salzwasser in 5 Minuten bißfest garen, in ein Sieb geben und mit kaltem Wasser überbrausen. Die Salami in Streifen schneiden. Den Broccoli in kochendem Salzwasser 15 Minuten vorgaren, anschließend in Röschen zerteilen, die Stiele kleinschneiden. Die Nudeln mit der Salami mischen und in eine gefettete Auflaufform geben, den Broccoli darauf verteilen, die abgetropften Tomaten halbieren und ebenfalls darübergeben. Mit Salz, Pfeffer, Muskat und Thymian würzen. Den Käse darüberstreuen.
Die Eier und die Sahne verquirlen, mit Salz und Pfeffer abschmecken, den Tomatensaft dazugeben und über den Auflauf gießen.
Die Form in den Ofen schieben und bei 200 Grad etwa 45 Minuten backen.

AUFLÄUFE MIT GEMÜSE

LIEBLINGS-SPÄTZLE-GEMÜSEAUFLAUF
(für 4 Portionen)

*250 g Hausmacher Spätzle, Salz, 1-2 EL Öl, 50 g Butter,
250 g Möhren, 250 g Zucchini, 3-4 EL Fleischbrühe,
150 g Maasdamer Käse, 150 g gekochter Schinken (1 dicke Scheibe),
Salz, Pfeffer, 1/8 l Sahne, 2 Eier*

Spätzle in reichlich Salzwasser mit Öl 12-14 Minuten garen, abgießen und in Butter schwenken. Möhren schälen, die Zucchini waschen und beide Gemüsesorten zuerst der Länge nach in Scheiben, dann in Streifen und diese in 4-5 cm lange Stücke schneiden. In Fleischbrühe ca. 5 Minuten dünsten. Gemüse, Spätzle, 2/3 des geriebenen Käses und gewürfelten Schinken mischen. In eine hitzebeständige Form füllen.
Salz, Pfeffer, Sahne und Eier verquirlen und darübergießen.
Mit restlichem Käse bestreut im 220 Grad heißen Ofen 25-30 Minuten backen.

GEMÜSE-PIE
(für 4 Portionen)

*3 Scheiben tiefgefrorener Blätterteig (180 g), 200 g geräucherter,
durchwachsener Speck, 1 Zwiebel, 1 Glas Champignons (Abtropfgewicht 200 g), 200 g geputzter Lauch, 200 g geschälte bzw. geschabte
Möhren, 200 g geputzte kleine Blumenkohlröschen, 1 Bund Petersilie,
2 EL Öl, 6 EL Weißwein, 250 ml Sahne (12 %), Salz, Pfeffer, 1 Eigelb*

Blätterteig nach Vorschrift auftauen lassen. Speck in kleine Würfel schneiden. Zwiebel schälen, fein hacken. Champignons abgießen, abtropfen lassen, nach Bedarf halbieren. Lauch in 1 cm breite Ringe schneiden. Möhren zunächst in dickere Scheiben, dann in Streifen (Stifte) schneiden. Die Petersilie fein hacken. Öl in einem entsprechend großen beschichteten Topf erhitzen, Speck darin goldgelb anbraten. Zwiebeln hinzufügen und glasig dünsten. Lauch, Möhren und Blumenkohlröschen dazugeben, gut andünsten, mit Weißwein aufgießen und zugedeckt in ca. 10 Minuten fast gar werden lassen.

AUFLÄUFE MIT GEMÜSE

Champignons hinzufügen, mit erhitzen. Die Sahne aufgießen, Petersilie unterheben, mit Salz und Pfeffer abschmecken. Alles in eine Pie-Form füllen (ca. 27 cm Durchmesser).
Die Blätterteigscheiben aufeinanderlegen und auswellen - etwas größer als die Pie-Form. Die Teigplatte über die Form legen, am Innenrand gut festdrücken. Das Eigelb verquirlen, den Teigdeckel damit bestreichen und mit der Gabel einige Male einstechen. Den Gemüse-Pie im Backofen bei 220 Grad C etwa 25 Minuten goldgelb backen.

POSTHÖRNLE-AUFLAUF MIT WIRSING
(für 4 Portionen)

500 g Wirsing, 1/8 l Fleischbrühe, 1 Zwiebel, 1/2 TL Curry, 250 g "Posthörnle" Eier-Nudeln, Salz, 2 EL Öl, 30 g Butter, 200 g Mettwurst, 4 Eier, 1/4 l süße Sahne, 150 g geriebener mittelalter Gouda, 1 große Tomate, 1 TL Schnittlauchröllchen

Wirsing putzen, dicke Rippen herausschneiden und waschen. In mundgerechte Stücke schneiden und in Fleischbrühe mit Zwiebelwürfeln und Curry 10 Minuten garen, kalt abspülen und abtropfen lassen. Eine feuerfeste Form mit 10 g Butter einfetten. Mettwurst würfeln. Nudeln, Wirsing und Mettwurst mischen und in die Form füllen. Eier mit Sahne verquirlen, salzen, pfeffern und 2/3 des Käses daruntermischen. Über den Auflauf gießen.
Restlichen Käse und Butterflöckchen darüberstreuen.
Im Backofen bei 200 Grad C ca. 45 Minuten garen. Tomate überbrühen, häuten, entkernen und würfeln. Drei Minuten vor Ende der Garzeit über den Auflauf streuen. Vor dem Servieren mit Schnittlauchröllchen garnieren.

AUFLÄUFE MIT GEMÜSE

AUBERGINEN MIT REISFÜLLUNG
(für 4 Portionen)

*250 g Naturreis, 2 gehackte Zwiebeln, 2 EL Pflanzenöl,
1 gewürfelten Mozzarella-Käse, 2 gehäutete und gewürfelte Tomaten,
1 Msp. Zimt, 1 Msp. Ingwerpulver, Salz, Pfeffer, 4 mittelgroße
Auberginen, 2 EL Zitronensaft, 2 EL Pflanzenöl, 100 g geriebenen
Käse, frische Pfefferminzblätter*

Den Reis nach Packungsanweisung zubereiten. Zwiebeln in Öl glasig dünsten, mit Mozzarella, Tomaten und den Gewürzen unter die Reis-Masse rühren. Auberginen waschen, Stielansätze abschneiden und der Länge nach halbieren. Fruchtfleisch so herausschneiden, daß ein Rand stehenbleibt. Schnittflächen mit Zitronensaft beträufeln. Die Auberginen füllen und mit Öl beträufeln, in eine gefettete Auflaufform setzen und im Ofen bei 200 Grad C 45-50 Minuten backen.
5 Minuten vor Ende der Backzeit mit Käse bestreuen. Mit frischen Pfefferminzblättern anrichten.

LINSENAUFLAUF
(für 4 Portionen)

*250 g Linsen, 1 Zwiebel, 1 Lorbeerblatt, 2 Nelken,
1/2 l Fleischbrühe, 1/4 l Wasser, 5 Zwiebeln, 500 g Kartoffeln,
200 g Salami, 50 g durchwachsener Speck, Pfeffer*

Linsen über Nacht in einer Schüssel mit Wasser einweichen. Am nächsten Tag auf einem Sieb abtropfen lassen. Zwiebel schälen und mit Lorbeerblatt und Nelken spicken. Linsen und Zwiebel mit der Fleischbrühe und dem Wasser in einen Topf geben und zugedeckt 45 Minuten garen. Unterdessen Zwiebeln und Kartoffeln schälen, Zwiebeln in dünne Ringe, Kartoffeln in dünne Scheiben schneiden. Salami und Speck ebenfalls in dünne Scheiben schneiden. Die gespickte Zwiebel aus den Linsen nehmen. In eine feuerfeste Form abwechselnd Kartoffeln, Salami, Linsen und Zwiebelringe schichten.
Jede Schicht dünn mit Pfeffer bestreuen. Den Auflauf mit den Speckscheiben bedecken und im vorgeheizten Ofen auf der untersten Schiene bei 200 Grad 50 Minuten garen.

AUFLÄUFE MIT GEMÜSE

ÜBERBACKENE BROCCOLI-NUDELN
(für 4 Portionen)

*250 g Nudel-Nestchen, 2 EL Öl, 500 g Broccoli,
1/8 l Fleischbrühe, 100 g geriebener mittelalter Gouda, Muskat*

Die Nudeln in Salzwasser mit Öl 11 Minuten garen. Broccoli-Röschen 10 Minuten in der Fleischbrühe garen, dann abgetropfte Nudeln zufügen.

Käse mit Muskat würzen und 2/3 davon unter die Nudeln geben, den Rest darüberstreuen. Überbacken, bis der Käse zerläuft. *Abbildung unten*

AUFLÄUFE MIT GEMÜSE

UNGARISCHER KARTOFFELAUFLAUF
(für 4 Portionen)

1 kg festkochende Kartoffeln, Salz, Pfeffer, 250 g Tomaten, 3 Paprikaschoten (rot und/oder grün), 200 g Emmentaler Käse, Salz, Pfeffer, 1/4 l süße Sahne, 2 EL Butter, etwas Reibkäse

Die Kartoffeln schälen und in hauchdünne Scheiben schneiden, mit Salz und Pfeffer würzen. Die Tomaten kurz brühen, abziehen und in Scheiben schneiden. Paprikaschoten vierteln, entkernen, waschen und in Streifen schneiden. Den Käse grob raspeln oder in Würfel schneiden. Die Hälfte der Kartoffelscheiben in eine gebutterte Auflaufform füllen. Mit Salz und Pfeffer vermischen. Darauf Tomaten, Paprikaschoten und Käse in der genannten Reihenfolge geben, mit den restlichen Kartoffelscheiben bedecken. Pfeffern und salzen. Die Sahne erhitzen und darüber geben. Butter als Flöckchen darüber verteilen und mit Reibkäse bestreuen. Bei 225 Grad C in den vorgeheizten Backofen schieben und auf der unteren Schiene etwa 60 Minuten backen. Eventuell nach 30 bis 45 Minuten mit Alufolie bedecken.

SHII-TAKE-SELLERIE-QUICHE
(für 4 Portionen)

Für den Teig: 250 g Mehl, 1 Eigelb, 1 Prise Salz, 2 EL Wasser, 130 g Butter. Für den Belag: 1 mittlere Sellerieknolle, 1/2 Apfel, Saft einer halben Zitrone, 3 Eigelbe, 2 Eiweiße, 1/8 l Sahne, 3 EL Crème fraîche, Salz, Pfeffer, 200 g Shii-Take-Pilze, 1 Scheibe Rinderschinken, 1 Bund Petersilie

Für den Teig das Mehl auf ein Backbrett sieben. In eine Mulde das Eigelb, das Salz, das Wasser und 125 g in Stücke zerkleinerte Butter geben. Die Masse auf dem Backbrett mit den Händen zu einem glatten Teig kneten. Zugedeckt 1 Stunde kühl stellen. Eine Springform (26 cm Durchmesser) mit dem Butterrest einfetten. Inzwischen für den Belag die Sellerieknolle schälen, in Würfel schneiden und in kochendem Salzwasser ca. 10 Minuten garen. Den Apfel schälen, entkernen und auf einer Reibe grob raspeln. Den Sellerie ab-

AUFLÄUFE MIT GEMÜSE

gießen und in einen Mixer geben. Nach und nach die Apfelraspeln, den Zitronensaft, die Eigelbe, die Eiweiße, die Sahne, die Crème fraîche sowie etwas Salz und Pfeffer dazugeben und zu einem glatten Mus pürieren. Die Shii-Take-Pilze mit einem Küchenkrepp abreiben und einmal quer durchschneiden. Den Schinken in feine Würfel schneiden. Die Petersilie waschen und grob hacken. Den Teig ausrollen und die Springform damit auslegen. Dabei einen 3 cm hohen Rand stehen lassen. Mit den Shii-Take-Pilzen auslegen, die Schinkenwürfel darauf verteilen und das Selleriemus gleichmäßig darauf verstreichen.
Im vorgeheizten Ofen bei 200 Grad C ca. 30 Minuten backen. Die letzten 10 Minuten die Quiche mit Alufolie abdecken. Nach dem Backen mit der gehackten Petersilie bestreuen.

ROSENKOHL-AUFLAUF
(6 Personen)

*1 kg Rosenkohl, 500 g Karotten, 500 ml Rinderfond,
2 EL Butter, 2 EL Mehl, 250 g Crème fraîche, 2 Eigelb, Salz,
weißer Pfeffer, 1 Prise Zucker, geriebene Muskatnuß, 1 EL Butter,
150 g roher Schinken, 150 g Gouda, 1 Bund Petersilie*

Den Rosenkohl putzen, die Karotten schälen und in Scheiben schneiden. Die Brühe in einen Topf geben und zum Kochen bringen, den Rosenkohl und die Karotten 20 Minuten garen, herausheben und abtropfen lassen. Die Butter in einem Topf erhitzen, das Mehl hineingeben und eine helle Mehlschwitze rühren, mit einem Teil vom Rinder-Fond aufgießen und aufkochen lassen, so daß eine sämige Sauce entsteht. Die Crème fraîche mit dem Eigelb verrühren und unter die Sauce geben. Mit Salz, frisch gemahlenem Pfeffer, Zucker und Muskatnuß abschmecken. Den Schinken in Streifen schneiden und den Gouda reiben. Eine feuerfeste Auflaufform mit Butter einfetten und das Gemüse einlegen. Die Sahne-Sauce über das Gemüse gießen, die Schinkenstreifen und den Gouda darüberstreuen. Im vorgeheizten Backofen bei 180 Grad ca. 20 Minuten überbacken.
Die Petersilie waschen, feinschneiden und den Rosenkohl-Auflauf vor dem Servieren damit bestreuen.

REISTORTE MIT GEMÜSE
(für 6 Portionen)

*1 Zwiebel, 1 EL Öl, 2 Tassen Reis, 4 Tassen Wasser,
1 1/2 Würfel Fleischsuppe, 150 g Champignons, 150 g geräucherten
durchwachsenen Speck, 100 g Möhren, 150 g Zucchini, 1/8 l Milch,
1/8 l süße Sahne, 4 Eier, 100 g geriebener Emmentaler-Käse,
1 Bund gehackte Petersilie, Salz, Pfeffer*

Die Zwiebel schälen und in kleine Würfel schneiden. Öl in einem Topf erhitzen und die Zwiebeln mit dem Reis gut anbraten. Das Wasser dazugießen und zum Kochen bringen. Die Fleischsuppe darin auflösen und 20 Minuten quellen lassen. Die Champignons putzen, waschen und kleinschneiden. Den Speck ebenfalls kleinschneiden, beides anbraten und zu dem Reis geben. Möhren und Zucchini putzen, waschen, kleinschneiden, zum Reis geben und unterrühren. Milch, Sahne, Eier sowie den Käse und die Petersilie miteinander

AUFLÄUFE MIT GEMÜSE

verrühren. Mit Salz und Pfeffer würzen, über den Reis gießen und gut vermischen. Eine feuerfeste Form mit Fett ausstreichen und die Reismasse hineingeben. Im Backofen bei 180 Grad C etwa 45 Minuten backen.
In Stücke schneiden und servieren.
Abbildung links

PIKANTER GEMÜSE-FLAN

*1 rote und 1 grüne Paprikaschote, 250 g Champignons,
100 g gekochter Schinken, 3 EL Butter, Salz, weißer Pfeffer, geriebene
Muskatnuß, 1 EL Butter, 1/2 Becher Sahne Dickmilch,
3 Eier, 150 g Emmentaler*

Die Paprikaschoten waschen, halbieren, entkernen und in feine Streifen schneiden. Die Champignons putzen, eventuell waschen und in Scheiben schneiden. Den Schinken in Würfel schneiden. Die Butter in einen Topf geben und erhitzen, dann das Gemüse darin kurz andünsten. Mit Salz, frisch gemahlenem Pfeffer und Muskatnuß abschmecken.

Eine feuerfeste Form mit der Butter auspinseln und die Gemüse einfüllen. Die Sahne Dickmilch mit den Eiern verquirlen.
Den Käse reiben und zufügen, dann über das Gemüse gießen. Im vorgeheizten Backofen bei 200 Grad ca. 30 Minuten backen. Heiß mit Salzkartoffeln servieren.

EINTÖPFE MIT GEMÜSE

Eintöpfe mit Gemüse

SAFRAN-KARTOFFELN
(für 4 Portionen)

500 g Kartoffeln, 2 Lauchstangen, 2 Fenchelknollen, 2 Zwiebeln, 2 EL Pflanzenöl, 1 EL Tomatenmark, 2 getrocknete Spiralen von Orangen, Salz, Pfeffer, 2 Karotten, 2 Knoblauchzehen, Selleriepulver, Inhalt eines Safrandöschens, 2 hartgekochte Eier, 2 EL gehackte Petersilie, Tomatenmark, Salz, frisch gemahlener Pfeffer

Die Kartoffeln schälen und in dünne Scheiben schneiden. Lauchstangen und Fenchelknollen putzen und in feinste Streifen (Julienne) schneiden. Die Zwiebeln schälen und klein hacken. Zwiebeln, Lauch und Fenchel im Öl andünsten. Tomatenmark sowie Spiralen von Orangen (möglichst schon am Vortag im Elektro-Ofen getrocknet) dazugeben und umrühren. Karotten putzen, der Länge nach in Hälften schneiden. Knoblauchzehen mit der Presse zerdrücken. Kartoffelscheiben, Karotten und Knoblauch in die Suppe geben, mit Selleriepulver und dem Safran würzen. Im offenen Topf alles zusammen garen. Karotten und Orangenschalen entfernen, wenn das übrige Gemüse ganz weich ist. Gemüse und Kartoffeln von der Brühe trennen. Brühe beiseite stellen. Den Eintopf in eine Schüssel geben. Die Eier in Viertel schneiden und mit der Petersilie auf dem Eintopf garnieren. Brühe noch einmal heiß machen und eventuell mit Tomatenmark andicken. Mit Salz und Pfeffer abschmecken und extra zu den Safran-Kartoffeln servieren.

EINTÖPFE MIT GEMÜSE

BADISCHES LINSENGERICHT
(für 4 Portionen)

*300 g Linsen, 1 l Wasser, 125 g durchwachsener Speck,
1 Zwiebel, Salz, Pfeffer, 3 Karotten, 2 EL Essig, 250 g Spätzle (Fertigprodukt), 40 g Butter, 1 EL Semmelbrösel, 1 Bund Petersilie,
4 Landjäger-Würste*

Linsen über Nacht in einer Schüssel mit kaltem Wasser einweichen. Am nächsten Tag den Speck würfeln und in einem Topf glasig werden lassen. Geschälte Zwiebel würfeln und hellgelb anrösten. Linsen mit dem Einweichwasser in den Topf geben, mit Salz und Pfeffer würzen und 1 Stunde bei mittlerer Hitze kochen lassen. Geputzte Karotten fein würfeln und mit dem Essig in den Topf geben. 45 Minuten weiterkochen lassen. Spätzle nach Kochanleitung in Salzwasser garen, abgießen, trockendämpfen und in einer vorgewärmten Schüssel warm stellen. Butter in einem Topf erhitzen, die Semmelbrösel 2 Minuten darin braten. Petersilie fein hacken und die Hälfte in die Butter-Semmelbrösel-Masse geben. Die Masse über die Spätzle verteilen. Linsen abschmecken und die Landjäger 10 Minuten in den Linsen heiß werden lassen. Mit der restlichen Petersilie garnieren und sofort servieren.

WINTERGEMÜSE
(für 4 Portionen)

*500 g Lauch, 500 g Möhren, 500 g Gemüsezwiebeln, 10 g Schmalz,
50 g geräucherten, durchwachsenen Speck, 1 EL Honig, 1/8 l Wasser,
1/2 Würfel klare Fleischsuppe, 1 EL Crème fraîche, 1 Bund Petersilie*

Lauch und Möhren putzen, waschen, in Stücke schneiden. Gemüsezwiebeln schälen, in Scheiben schneiden, alles in Schmalz anbraten. Geräucherten Speck in kleine Würfel schneiden und mitbraten. Den Honig dazugeben und karamelisieren lassen. Wasser dazugießen und zum Kochen bringen. Den Fleischwürfel darin auflösen und alles bei geringer Wärmezufuhr 20 Minuten kochen. Crème fraîche unterziehen und mit frisch gehackter Petersilie servieren.

KARTOFFELGULASCH
(für 4 Portionen)

1 kg Kartoffeln, 375 g durchwachsener, geräucherter Speck, 2 Zwiebeln, 1 l Rinderbrühe, Salz, Pfeffer, einige Stengel Staudensellerie, 1 Stange Porree, 4 große Möhren, 1 kleiner Blumenkohl

Die Kartoffeln waschen, schälen und in Viertel schneiden. Speck in Würfel schneiden und in einer Pfanne ausbraten. Zwiebeln schälen, in Ringe schneiden und in dem Speck zum Schluß bräunen. Mit Rinderbrühe ablöschen. Mit Salz und Pfeffer würzen und die Kartoffeln hineinfüllen. Staudensellerie, Porree unnd Möhren putzen und in Scheiben bzw. Stücke schneiden und noch 4 Minuten zu den Kartoffeln in die Brühe geben. Blumenkohl putzen, waschen und in kleine Röschen zerteilen, nach weiteren 5 Minuten in den Topf geben und alles noch etwa 10 Minuten kochen. Wer die Kartoffeln und das Gemüse schön knackig mag, sollte das Gulasch dann servieren. Bei einer Vorliebe für mehr sämige Eintöpfe sollte mit weiteren 5 bis 10 Minuten Kochzeit gerechnet werden. Abschmecken und mit Kräutern servieren. *Abbildung*

EINTÖPFE MIT GEMÜSE

REIS MIT GEMÜSE UND GEBRATENEM TOFU
(für 4 Portionen)

*125 g Naturreis, 1 TL Gemüsehefebrühe (Paste aus dem Reformhaus),
250 g Tofu, Salz, 3 EL Pflanzenöl, 1 große Zwiebel, 2 Knoblauchzehen,
4 EL Pflanzenöl, 1 rote Paprikaschote, 1 grüne Paprikaschote,
2 Zucchini, 500 g Tomaten, 1 Prise Zucker, Majoran, Thymian,
1/4 l Brühe aus Gemüsehefebrühe*

Den Reis nach Packungsanweisung garen und mit Gemüsehefebrühe würzen. Tofu in 2 cm große Würfel schneiden, salzen, in Öl goldbraun braten und warmstellen. Zwiebelringe und gepreßten Knoblauch in Öl glasig dünsten. Paprikaschoten putzen, achteln, Zucchini in Scheiben schneiden, gehäutete Tomaten in Stücke schneiden. Das Gemüse nacheinander zu den Zwiebeln geben, anbraten, würzen, mit der Brühe auffüllen und 5-10 Minuten garen.
Reis auf einer großen Platte verteilen, das Gemüse darauflegen, die Tofuwürfel darüberstreuen und gut heiß servieren.

WIRSING-KARTOFFEL-EINTOPF
(für 4 Portionen)

*750 g Wirsing, 750 g Kartoffeln, 250 g Schinkenspeck,
250 g Zwiebeln, 1 Knoblauchzehe, 1 TL Kümmel, Salz, Pfeffer,
1/4 l Fleischbrühe, 100 g Crème fraîche*

Den Wirsingkohl putzen und in dünne Streifen hobeln. Die Kartoffeln waschen, schälen und in Scheiben schneiden. Den Speck würfeln und in einem Topf bei mäßiger Hitze auslassen. Die Zwiebeln schälen, in Ringe schneiden und in dem Fett glasig braten. Speck und Zwiebeln bis auf eine dünne Schicht aus dem Topf nehmen. Kartoffeln, Kohl und die Speck-Zwiebel-Mischung lagenweise in den Topf schichten, dabei die Kartoffeln und den Kohl mit gehackter Knoblauchzehe, Kümmel, Salz und Pfeffer würzen.
Die Fleischbrühe angießen und den Eintopf zugedeckt etwa 25 Minuten garen. In eine vorgewärmte Schüssel füllen und die Crème fraîche in die Mitte des Eintopfes geben, erst bei Tisch unterrühren.

EINTÖPFE MIT GEMÜSE

ROSENKOHL-TOPF
(für 4 Portionen)

*125 g durchwachsener, geräucherter Speck, 2 EL Butter,
2 Zwiebeln, 1 Stange Lauch, 1 1/2 l heiße Fleischbrühe, 400 g Kartoffeln, 2 Karotten, Salz, schwarzer Pfeffer aus der Mühle, geriebene
Muskatnuß, 750 g Rosenkohl, 4 Mettwürstchen, 1/2 Bund Petersilie*

Speck in kleine Würfel schneiden und in der erhitzten Butter kurz anbraten. Zwiebeln und Lauch in Ringe schneiden, zufügen, glasig braten und mit Brühe aufgießen. Gewürfelte Kartoffeln und in feine Streifen geschnittene Karotten dazugeben, würzen und 10 Minuten kochen lassen. Dann den geputzten Rosenkohl hineingeben und weitere 20 Minuten garen.
Während der letzten Minuten die Würste im Eintopf ziehen lassen. Kräftig abschmecken und mit gehackter Petersilie bestreuen.

EINTOPF MIT HÜLSENFRÜCHTEN
(für 4 Portionen)

*200 g Linsen, 200 g Kichererbsen, 200 g frische Puffbohnen
(Saubohnen), 200 g Stangenbohnen, Öl, 500 g Tomaten,
1 1/4 l Fleischbrühe, Salz, Pfeffer, 3-4 Knoblauchzehen,
1 Bund Petersilie*

Linsen und Kichererbsen über Nacht getrennt in Wasser einweichen. Am nächsten Tag die Hülsenfrüchte abgießen, mit frischem Wasser getrennt aufsetzen, Linsen 10 Minuten, Kichererbsen 50 Minuten weichkochen. Die geputzten Stangenbohnen in 3 cm lange Stücke schneiden. 2 EL Öl in einer großen Pfanne erhitzen und darin nacheinander die abgetropften Linsen und Kichererbsen anbraten. Dann in eine große feuerfeste Form geben. Nun die Saubohnen und Stangenbohnen in der Pfanne anbraten und hinzufügen. Weitere 2 Eßlöffel Öl in der Pfanne erhitzen und die kleingewürfelten Tomaten darin anbraten, ebenfalls zu den Hülsenfrüchten in die Form geben. Mit der Brühe aufgießen, salzen und pfeffern. Im vorgeheizten Backofen bei 200 Grad C etwa 1 Stunde schmoren. Knoblauchzehen und Petersilie in einem Mörser zerstoßen und einrühren. Noch etwas köcheln lassen.

EINTÖPFE MIT GEMÜSE

GEMÜSERISOTTO
(für 4 Portionen)

*300 g Hartreis, 5 EL Öl, 1 Zwiebel, 1 Sellerieknolle, 2 Karotten,
2 Stangen Lauch, 2 Petersilienwurzeln, Salz, 1/2 l Brühe,
250 g gekochte grüne Erbsen, geriebener Parmesan,
gehackte Petersilie*

Reis waschen und gut abtropfen lassen. Das Gemüse waschen, putzen, in gleichmäßige Würfel oder Stifte, Lauch in Ringe schneiden.
Feingeschnittene Zwiebel in Öl andünsten, das Gemüse zufügen, gut andünsten, salzen und im eigenen Saft halb weich garen. Den Reis zugeben, etwas andünsten, dann mit der kochenden Brühe aufgießen, einmal aufkochen lassen, zugedeckt bei schwacher Hitze etwa 30 Minuten garen. Der Reis soll körnig bleiben.
Vor dem Anrichten gekochte Erbsen, geriebenen Käse und gehackte Petersilie locker untermischen.

PILZEINTOPF
(für 4 Portionen)

*2 große Zwiebeln, 150 g durchwachsener Speck, 2 EL Öl,
500 g geputzte Mischpilze, 250 g Tomaten, 750 g Kartoffeln, Salz,
Pfeffer, Thymian, 1 EL Zitronensaft, 1/4 l heiße Brühe, 1/8 l Rotwein,
1 Bund Petersilie*

Zwiebeln schälen, in feine Ringe schneiden. Den Speck würfeln. Öl in einer Pfanne erhitzen, Zwiebelringe und Speck darin anbraten, dann vom Herd nehmen. Die Pilze in Stücke schneiden. Tomaten häuten, Fruchtfleisch in Scheiben schneiden.
Die geschälten Kartoffeln ebenfalls in Scheiben schneiden. Alles abwechselnd in einen Topf schichten. Jede Schicht mit Salz und Pfeffer würzen.
Thymian und Zitronensaft dazugeben, mit Fleischbrühe und Rotwein aufgießen.
Den Eintopf schließen und bei niedrigster Temperatur in 40 Minuten garen.
Vor dem Servieren die feingehackte Petersilie darüberstreuen.

EINTÖPFE MIT GEMÜSE

GEMÜSEGULASCH
(für 4 Portionen)

*3 Zwiebeln, 250 g Paprikaschoten, 150 g frische Champignons,
150 g Karotten, 150 g grüne Bohnen, 300 g Blumenkohl, Salz, Paprika,
1/2 kg Kartoffeln, 5 EL Öl, 1/2 l Brühe, gehackte Petersilie*

Zwiebeln in feine Scheiben schneiden, Paprikaschoten von Stielansatz und Samenkernen befreien, in feine Streifen, geputzte Pilze blättrig schneiden. Geputzte Karotten würfeln, grüne Bohnen mehrmals brechen, Blumenkohl in Röschen teilen. Geschälte Kartoffeln in größere Würfel schneiden. Zwiebelringe im Öl hellgelb rösten, das vorbereitete Gemüse dazugeben, gut durchdünsten und würzen. Kartoffeln hinzufügen, mit heißer Brühe aufgießen und bei mäßiger Hitze zugedeckt etwa 40 Minuten garen.
Vor dem Servieren mit reichlich gehackter Petersilie abschmecken.

AMERIKANISCHER BOHNENTOPF MIT ERDNÜSSEN
(für 4 Portionen)

*150 g Erdnüsse, 1 EL Erdnußöl (ersatzweise Sonnenblumenöl),
200 g Staudensellerie, 1 Bund Frühlingszwiebeln, 2 mittelgroße
Kartoffeln, 1 Pck. passierte Tomaten (500 g), evtl. etwas Gemüsebrühe,
1 Zweig Bohnenkraut, 1 Zweig Thymian, 2 Dosen Kidney-Bohnen
(à 400 g), Salz, Pfeffer aus der Mühle, 5 Tropfen Tabasco-Sauce,
1/2 Bund frischer Koriander (ersatzweise glatte Petersilie)*

Die Hälfte der Erdnüsse fein mahlen, die andere Hälfte ohne Fett in einer Pfanne leicht rösten. Die Frühlingszwiebeln und den Sellerie putzen und waschen. Die Zwiebeln und die Selleriestangen in 1 cm breite Ringe schneiden, die Kartoffeln schälen und würfeln. Das Öl in einem Topf erhitzen, die Zwiebeln, den Sellerie und die Kartoffeln dazugeben und andünsten. Die gemahlenen Erdnüsse darüberstreuen und kurz anrösten. Die passierten Tomaten, evtl. noch etwas Gemüsebrühe, dazugeben und kurz aufkochen. Alles zusam-

EINTÖPFE MIT GEMÜSE

men bei geringer Hitze mit dem Thymian und dem Bohnenkraut etwa 20 Minuten köcheln lassen. Dann die abgetropften Bohnen dazugeben und 5 Minuten darin erhitzen. Mit Salz, Pfeffer und Tabasco abschmecken. Feingehackten Koriander untermischen und einige Erdnüsse darüberstreuen. *Abbildung*

EINTÖPFE MIT GEMÜSE

EIERGRAUPEN-EINTOPF
(für 4 Portionen)

*300 g Mehl, 3 Eier, Salz, 100 g durchwachsener Speck,
10 g Schweineschmalz, 1 Zwiebel, je 1 rote und grüne Paprikaschote,
1 EL Paprika edelsüß, 3/4 l heiße Fleischbrühe, 1 EL Tomatenmark*

Für die Graupen das Mehl in eine Schüssel sieben. In die Mitte eine Mulde drücken, die aufgeschlagenen Eier hineingeben. Mit wenig Salz würzen und von außen nach innen einen festen Teig kneten. 30 Minuten trocknen lassen. Den Teig durch ein Spätzlesieb drücken und jede Portion abschaben. Die Graupen auf einem mit Mehl bestäubten Küchentuch ausbreiten und über Nacht trocknen lassen. Am nächsten Tag den Speck würfeln. Schweineschmalz in einem Topf erhitzen, den Speck darin glasig braten. Geschälte und fein gehackte Zwiebel dazugeben und 5 Minuten braten. Dann die Eiergraupen in den Topf geben und unter Rühren 3 Minuten anrösten. Die geputzten und klein gewürfelten Paprikaschoten hinzufügen, mit Paprika bestäuben und unterrühren.
Mit der Fleischbrühe aufgießen, Tomatenmark hinzufügen und alles einmal aufkochen lassen.
Dann die Hitze reduzieren und das Gericht in 45 Minuten gar ziehen lassen.
Mit Salz abschmecken und in einer vorgewärmten Schüssel servieren.

HOLSTEINISCHER EINTOPF
(für 4 Portionen)

*500 g durchwachsener Speck, 3/4 l Wasser, 1 kg grüne Bohnen,
500 g kleine Kochbirnen, Pfeffer, 3 TL Speisestärke,
1 Bund glatte Petersilie*

Das Wasser in einem Topf zum Kochen bringen, den Speck hineingeben und 15 Minuten kochen lassen, dann die geputzten, in Stücke gebrochenen Bohnen hinzufügen. 15 Minuten weiterkochen. Die gewaschenen, ungeschälten Birnen auf die Bohnen geben und in weiteren 20 Minuten garkochen. Speck und Birnen auf einer Platte anrichten.
Bohnen abschmecken, mit Speisestärke binden und mit gehackter Petersilie bestreuen.

EINTÖPFE MIT GEMÜSE

REIS-TOMATEN-TOPF
(für 4 Portionen)

250 g Langkornreis, 500 g Tomaten, 1 Zwiebel, 2 Knoblauchzehen, 25 g Butter, 3 Zweige frischer Thymian, 1 TL getrockneter Oregano, 1/4 l süße Sahne, schwarzer Pfeffer, 1 Prise Zucker, 150 g geriebener Emmentaler, 1 EL frisch gehacktes Basilikum

Reis in einem Sieb unter fließend kaltem Wasser waschen. Mit Wasser und Salz zum Kochen bringen und bei mäßiger Hitze in 20 Minuten ausquellen lassen. Die Tomaten kurz überbrühen, häuten und würfeln. Zwiebel und Knoblauch schälen und fein hacken, in der erhitzten Butter glasig braten. Tomaten und Kräuter zugeben und alles zugedeckt garen. Sahne zugießen und die Tomaten mit Salz, Pfeffer und Zucker abschmecken. Mit dem gegarten Reis mischen. Käse unterziehen und den Reistopf mit Basilikum bestreuen.

GEMÜSETOPF MIT OLIVEN
(für 4 Portionen)

3 Auberginen, 5 Tomaten, je 2 rote und grüne Paprikaschoten, 2 Zwiebeln, 1 Knoblauchzehe, 4-5 EL Olivenöl, Salz, Cayennepfeffer, Paprika rosenscharf, je 100 g schwarze und grüne Oliven, 2 eingelegte Pfefferschoten, 1 Bund Petersilie

Auberginen waschen und in Würfel schneiden. Tomaten mit kochendem Wasser überbrühen, häuten und würfeln. Paprikaschoten halbieren, entkernen und in größere Stücke, die geschälten Zwiebeln in Ringe schneiden. Knoblauchzehe schälen, fein hacken. Öl in einem Topf erhitzen, das Gemüse reingeben und andünsten. Mit Salz, Pfeffer und Paprika würzen. Das Gemüse zugedeckt im eigenen Saft 20 Minuten dünsten. Wenn nötig, etwas Wasser zugießen. Die Oliven entkernen und in Streifen schneiden.
Pfefferschoten abtropfen lassen und fein hacken.
Beides zum Gemüse geben. Noch etwa 10 Minuten durchziehen lassen. Vor dem Servieren die gehackte Petersilie darüberstreuen.

35

EINTÖPFE MIT GEMÜSE

MINESTRONE NACH MAILÄNDER ART
(für 4 Portionen)

*200 g grüne Bohnen, 150 g Weißkohl, 150 g Möhren,
150 g Kürbis, 1 Stange Lauch, 1/4 Sellerieknolle, 3 Kartoffeln,
1 Zwiebel, 20 g fetter Speck, 2 EL Öl, 1 l heiße Fleischbrühe,
1 kleine Dose Tomatenmark, 50 g Reis, getrockneter Salbei und
Rosmarin, Salz, Pfeffer, 1 Bund Petersilie*

Gemüse putzen, waschen, auf einem Sieb abtropfen lassen und kleinschneiden. Kartoffeln schälen und in kleine Würfel schneiden. Geschälte Zwiebel und Speck würfeln. Öl in einem Topf erhitzen, Speckwürfel darin auslassen, Zwiebelwürfel zugeben und goldgelb werden lassen. Das Gemüse zugeben, mit Fleischbrühe aufgießen und Tomatenmark einrühren. Bei mittlerer Hitze etwa 30 Minuten kochen lassen. Inzwischen den Reis auf einem Sieb unter fließendem kalten Wasser waschen und abtropfen lassen.
Mit den Kartoffelstückchen in die Suppe geben. Mit Salbei, Rosmarin, Salz und Pfeffer würzen. Nochmals 20 Minuten kochen lassen. Die Suppe in eine Terrine füllen und mit gehackter Petersilie bestreuen.

AUFLÄUFE MIT FLEISCH

Aufläufe mit Fleisch

SAUERKRAUT-AUFLAUF MIT KALBSLEBER
(für 4 Portionen)

*8 dünne Scheiben Kalbsleber, 2 EL Öl, Salz, Pfeffer, 500 g Sauerkraut,
2 Zwiebeln, 2 Knoblauchzehen, 30 g Butter, Paprika, weißer Pfeffer,
Zucker, 200 g saure Sahne, 2 Fleischtomaten, 150 g Crème fraîche,
2 Eier, 50 g Gouda-Käse*

Die Leber in heißem Öl von beiden Seiten kurz anbraten, würzen und 6 Scheiben in eine gefettete Auflaufform legen. Die zwei zurückbehaltenen Scheiben in dünne Streifen schneiden. Das Sauerkraut zerpflücken und kleinschneiden. Zwiebeln und Knoblauchzehen schälen und fein würfeln. Butter in einem Topf erhitzen, Zwiebel- und Knoblauchwürfel darin glasig dünsten, das Sauerkraut zufügen und kurz mit andünsten.
Mit Paprika, Pfeffer, Salz und Zucker würzen. Die saure Sahne angießen und alles zugedeckt ca. 15 Minuten schmoren lassen. Dann über die Leberscheiben geben. Die Tomaten häuten, entkernen und das Fruchtfleisch würfeln. Tomatenwürfel und Leberstreifen über das Sauerkraut geben.
Crème fraîche und Eier verschlagen und über das Kraut gießen.
Mit geriebenem Käse bestreuen und im Backofen bei 200 Grad 30 Minuten überbacken.

SCHWEINEMEDAILLONS MIT FEINEM GEMÜSE UND REIS
(für 4 Portionen)

*125 g Reis, 1 Becher Sahne, 50 g gemahlene Haselnüsse,
2 EL trockener Sherry, 1 Prise Zucker, 1 gewürfelte Zwiebel,
1 EL Pflanzenöl, 250 g Champignons in Scheiben, 250 g Zucchinis
in Scheiben, 350 g Schweinefilet, Salz, Pfeffer, 2 EL geriebener Käse,
1 EL gehackte Petersilie*

Den Reis nach Packungsanweisung zubereiten. Nach dem Abkühlen Sahne, Nüsse und die Geschmackszutaten unterrühren. Zwiebelwürfel in Öl glasig dünsten, die Champignons dazugeben, 5 Minuten garen und zur Seite stellen. Zucchinis in Öl anbraten und ebenfalls zur Seite stellen. Schweinefilet in 4 cm dicke Scheiben schneiden, etwas flachdrücken, salzen, pfeffern und in heißem Öl von jeder Seite 1/2 - 1 Minute anbraten. Eine feuerfeste Form fetten, Champignon-Zwiebelmischung hineinlegen, Schweinefilets und Zucchinis darauf verteilen. Einige Zucchinis für die Garnitur zurücklassen. Die Reis-Masse auf dem Fleisch und Gemüse verteilen, mit Butterflöckchen belegen und im Ofen bei 250 Grad C ca. 40-50 Minuten backen. 3 Minuten vor Ende der Garzeit den geriebenen Käse darüberstreuen. Anrichten mit den restlichen gebratenen Zucchinis und mit gehackter Petersilie.
Abbildung oben

AUFLÄUFE MIT FLEISCH

VOLLKORN-SPAGHETTI MIT SCHWEINESTEAK
(für 4 Portionen)

125 g Vollkorn-Spaghetti, Salz, 1 EL Öl, 4 Schweinesteaks à 150 g (möglichst dick geschnitten), 2 EL Öl, Salz, Pfeffer, 80 g geriebener, mittelalter Gouda, 4 Tomaten, gehackte Petersilie

Die Spaghetti ungebrochen in reichlich Salzwasser 6-8 Minuten garen, abschrecken und abtropfen lassen. Die Steaks in Öl von jeder Seite 3-4 Minuten braten, salzen und pfeffern. Die abgetropften Nudeln in vier Portionen teilen und um jedes Steak wickeln. Mit Käse bestreuen und unter dem Grill oder im heißen Backofen überbacken. Abgezogene Tomaten im Bratfett dünsten oder mit unter den Grill schieben. Würzen und mit Petersilie bestreuen.

AUFLÄUFE MIT FLEISCH

FRANKFURTER AUFLAUF
(für 4 Portionen)

*500 g gekochtes Kasseler, 1 Zwiebel, 20 g Schmalz, 500 g Sauerkraut,
1/4 l Wasser, 1/2 Würfel klare Fleischsuppe, 1 Kartoffel, 1 Packung
Flockenpüree, 200 g Gouda-Käse*

Gekochtes Kasseler in mundgerechte Stücke schneiden. Zwiebel schälen, in Würfel schneiden und mit Schmalz in einer feuerfesten Form anbraten. Sauerkraut zufügen. Wasser dazugießen, zum Kochen bringen und den 1/2 Würfel Fleischsuppe darin auflösen. Alles ca. 10 Minuten kochen. Die Kartoffel schälen, reiben und hinzufügen. Kleingeschnittenes Kasseler darauf verteilen. Das Flockenpüree nach Anweisung auf der Packung zubereiten und darüberstreichen.
Den Käse reiben und darüberstreuen. Im Backofen bei Mittelhitze etwa 20 Minuten backen.

SIZILIANISCHER NUDEL-AUFLAUF
(für 4 Portionen)

*350-400 g Makkaroni. Für die Fleischbällchen: 1 Brötchen,
50 g roher Schinken, 1 Zwiebel, 400 g Rinderhackfleisch,
1 Ei, 1 Knoblauchzehe, Salz, frisch gemahlener schwarzer Pfeffer,
etwas Olivenöl. Für die Sauce: 1 Zwiebel, etwas Olivenöl,
1 Dose Tomaten, Salz, Pfeffer, Oregano, Basilikum
Außerdem: 250 g Mozzarellakäse, Basilikum, 50 g Parmesankäse
(gerieben), 30 g Butter*

Die Makkaroni in Stücke brechen und nach Kochanleitung in Salzwasser bißfest garen. Das Brötchen in heißem Wasser einweichen. Den Schinken fein würfeln. Die Zwiebel schälen und in feine Würfel schneiden. Das Brötchen ausdrücken und mit dem Rinderhackfleisch, den Schinken- und Zwiebelwür-

AUFLÄUFE MIT FLEISCH

feln, dem Ei, der zerdrückten Knoblauchzehe und den Gewürzen zu einem glatten Teig verarbeiten. Aus der Masse Bällchen formen und im heißen Öl braun braten.
Jetzt für die Tomatensauce die Zwiebel schälen, fein würfeln und in heißem Öl glasig dünsten. Die Tomaten mit Flüssigkeit dazugeben und mit Salz, Pfeffer, Oregano und Basilikum würzen. Die Sauce etwa 15 Minuten gut einkochen lassen. Inzwischen eine feuerfeste Auflaufform einfetten und den Käse in Stücke schneiden. Die abgetropften Nudeln, Käsewürfel, gebratene Fleischbällchen, Sauce und das Basilikum abwechselnd in die Form schichten. Zuletzt den geriebenen Parmesan auf den Auflauf streuen und obendrauf Butterflöckchen setzen. Im vorgeheizten Backofen bei 200 Grad C etwa 45 Minuten backen.

SAUERKRAUT-GRATIN
(für 4 Portionen)

500 g Sauerkraut, 1 Zwiebel, 40 g Butter, 1/8 l Cidre, Salz, Pfeffer, Zucker, 400 g Hirschgulasch, 2 EL Öl, 300 g Kartoffeln, 2 Birnen, 40 g Rosinen, 150 ml saure Sahne, 100 ml Schlagsahne, 50 g geriebener Emmentaler

Das Sauerkraut zerpflücken und etwas kleinschneiden. Die Zwiebel schälen und fein würfeln. Butter erhitzen, die Zwiebelwürfel darin glasig dünsten, das Sauerkraut zufügen und kurz mitdünsten. Mit Cidre ablöschen, würzen und alles zugedeckt 15 Minuten schmoren lassen. Das Fleisch in kleine Würfel schneiden und in heißem Öl ringsherum braun anbraten. Mit Pfeffer und Salz würzen. Die Kartoffeln schälen und in dünne Scheiben schneiden. In kochendem Salzwasser ca. 3 Minuten blanchieren, dann gut abtropfen lassen.
Die Birnen schälen, vierteln, das Kerngehäuse herausschneiden und die Birnen in dünne Streifen schneiden. Sauerkraut, Fleisch, Kartoffeln und Birnen abwechselnd in eine gefettete Auflaufform schichten.
Die Rosinen waschen, abtropfen lassen und darüberstreuen.
Saure Sahne und Schlagsahne vermischen, mit Salz und Pfeffer würzen, über das Gratin gießen und mit Käse bestreuen.
Die Form in den Ofen schieben und bei 200 Grad C 30 Minuten überbacken.

41

AUFLÄUFE MIT FLEISCH

BADISCHER NUDELTRAUM MIT HACKFLEISCH
(für 4 Portionen)

400 g Rinderhackfleisch, 2 EL Öl, 2 Zwiebeln, Salz, Pfeffer, 250 g Bandnudeln, 1 EL Öl, 250 g Brokkoli, 1/4 l Hühnerbrühe, 3 Tomaten, Thymian, 2 EL geriebener Gouda

Die Zwiebeln schälen und fein würfeln. Das Hackfleisch in Öl anbräunen, die Zwiebelwürfel 2-3 Minuten mitbraten, salzen und pfeffern. Die Nudeln in reichlich Salzwasser mit dem Öl 8-10 Minuten kochen, abgießen, abschrecken. Die Brokkoli putzen, waschen, in Röschen teilen und diese halbieren. Anschließend 5 Minuten in Hühnerbrühe garen, auf einem Sieb abtropfen lassen, dabei die Brühe auffangen. Die Tomaten enthäuten und in Scheiben schneiden. Das Fleisch und 2/3 der Nudeln in eine hitzebeständige Form füllen. Darauf abwechselnd die restlichen Nudeln, die Brokkoliröschen und die Tomatenscheiben anrichten. Mit Salz, Pfeffer und Thymian würzen. Die Brühe dazugießen und den Käse darüberstreuen.

Im Ofen bei 200 Grad C etwa 25 Minuten backen. *Abbildung rechts*

AUFLÄUFE MIT FLEISCH

FLEISCHSTRUDEL
(für 4 Portionen)

*250 g Mehl, Salz, 3 Eier, 1/2 l Milch, 300-400 g Fleischreste,
1 alte Semmel, 1 Zwiebel, 20 g Butter, 1 EL gehackte Petersilie,
8 EL Milch, etwas geriebener Käse, 20 g Butter, 1/4 l Milch*

Aus Mehl, Salz, Eiern und Milch einen Pfannkuchenteig herstellen. Fett in einer Pfanne erhitzen, jeweils eine dünne Teiglage hineingeben, goldgelb anbacken lassen, wenden, bei mäßiger Hitze fertig backen. Fleischreste mit eingeweichter, sehr gut ausgedrückter Semmel durch die Fleischmaschine drehen. Feingeschnittene Zwiebel und die Petersilie in wenig Fett leicht andünsten, alle Zutaten zur Fülle geben, gut mischen und abschmecken. Fülle auf gebackene Pfannkuchen streichen, aufrollen, in eine Auflaufform setzen, mit geriebenem Käse und einigen Butterflöckchen belegen. Bei mäßiger Hitze im Backofen überbacken, nach etwa 10 Minuten etwas kochende Milch darüber gießen und noch etwa 20-30 Minuten backen, bis die Milch eingezogen ist.

ZUCCHINI-LAMM-AUFLAUF
(für 4 Portionen)

*1 kg Zucchini, Salz, 400 g Lammfleisch, 2 große Zwiebeln,
3 Knoblauchzehen, 1 EL Olivenöl, Salz, Pfeffer aus der Mühle,
1 TL getrockneter Thymian, 500 g Austernpilze, 1 EL Butter,
1/8 l trockener Weißwein, 1 TL getrockneter Oregano, Cayennepfeffer
Für die Sauce: 50 g Butter, 1 EL Mehl, 1/2 l Milch, 100 g Emmentaler
Käse, abgeriebene Schale von 1 unbehandelten Zitrone,
1 EL Zitronensaft, geriebene Muskatnuß, 1 Fleischtomate*

Die Zucchini putzen, waschen und in dünne Scheiben schneiden. In eine Schüssel schichten, dabei kräftig mit Salz bestreuen und das Gemüse Wasser ziehen lassen. Das Lammfleisch möglichst klein würfeln. Zwiebeln und Knoblauch schälen und ganz fein hacken. Das Öl in einer großen Pfanne erhitzen, die Fleischwürfel bei starker Hitze portionsweise darin anbraten. Dann Zwie-

44

AUFLÄUFE MIT FLEISCH

bel und Knoblauch im Bratfett glasig dünsten. Alles mit Salz, Pfeffer und Thymian würzen und die Pfanne vom Herd nehmen. Die Austernpilze putzen und in schmale Streifen schneiden. Butter erhitzen und die Pilze darin anbraten. Dann den Wein zugießen und die Pilze mit Salz, Pfeffer, Thymian und Oregano würzen. Kochen lassen, bis die Hälfte der Flüssigkeit verdampft ist. Mit Cayennepfeffer abschmecken. Den Ofen auf 220 Grad vorheizen. Die Zucchini-Scheiben auf Küchenkrepp legen und gut trockentupfen. Zwei Backbleche mit Alufolie auslegen und mit Öl bestreichen. Die Zucchini-Scheiben nebeneinander auf die Bleche legen und mit Öl bepinseln. Die Bleche in den Ofen schieben, bis die Zucchini braun sind. Dann das Gemüse etwas abkühlen lassen. Eine Auflaufform mit Öl auspinseln. Zuerst die Hälfte der Zucchini-Scheiben auf den Boden der Form legen, salzen und pfeffern. Das Lammfleisch darauf verteilen. Die Hälfte der Pilze auf das Fleisch geben. Die übrigen Zucchini darauf schichten und mit den restlichen Pilzen abschließen. Für die Sauce Butter in einem Topf erhitzen. Das Mehl unter Rühren kurz darin anschwitzen. Die Milch zugießen, einmal aufkochen und dann die Sauce bei geringer Hitze 10 Minuten köcheln lassen. Käse fein reiben und die Hälfte davon unter die Sauce rühren. Zitronenschale und -saft hinzufügen. Mit Salz, Pfeffer und Muskat abschmecken. Die Sauce gleichmäßig auf den Auflauf gießen. Die Tomate häuten und in Scheiben schneiden, in die Mitte des Auflaufs legen und den restlichen Käse darüberstreuen. Den Auflauf in den vorgeheizten Ofen stellen und bei 200 Grad 40 Minuten überbacken.

EINTÖPFE MIT FLEISCH

Eintöpfe mit Fleisch

»COQUE AU VIN« MIT BUNTEN PARADIES-NUDELN
(für 4 Portionen)

*300 g bunte Paradies-Nudeln, 1 Poularde, Kräutersalz,
250 g Speck, 500 g kleine Zwiebeln, 250 g Champignons, 5 EL Weinbrand, 2 Knoblauchzehen, etwas Thymian, Petersilie, 1 Lorbeerblatt,
1/4 l Rotwein, 1/4 l Brühe, etwa 200 g saure Sahne (Crème fraîche).
Bei Bedarf 2 TL Stärkemehl*

Die vorbereitete Poularde in Portionsstücke teilen und leicht mit Kräutersalz einreiben. Speckwürfel im großen Schmortopf auslassen, die Speckstücke herausnehmen. Im Speckfett die Poulardenteile nacheinander anbraten, herausnehmen und warmstellen. Geschälte, ganze Zwiebeln ebenfalls anbräunen, zum Schluß das Fleisch, Zwiebeln und Champignons mit den Gewürzen in den Schmortopf schichten, mit erwärmtem Weinbrand begießen und kurz anzünden.Anschließend Brühe, Rotwein, Crème fraîche und 2 TL Stärkemehl verquirlen und damit den Topf auffüllen, zugedeckt in den Backofen schieben, bei 225 Grad C auf der unteren Schiebeleiste ca. 45 Minuten garen. Dazu frisch gekochte, bunte Paradies-Nudeln mit Butterflöckchen servieren.

IRISH STEW
(für 4 Portionen)

400 g Hammelfleisch, schwarzer Pfeffer, 60 g Butter, 800 g Weiß- oder Wirsingkohl, 500 g Kartoffeln, 2 mittelgroße Zwiebeln, 0,5 l Fleischbrühe (Instant)

Hammelfleisch waschen, in mundgerechte Stücke würfeln, pfeffern und in einem großen Topf in erhitzter Butter von allen Seiten anbraten. Grob geraffelten Kohl, geschälte, in kleine Würfel geschnittene Kartoffeln und gewürfelte Zwiebeln hinzufügen. Mit Fleischbrühe aufgießen und zugedeckt etwa 50 Minuten garen lassen, dabei nicht umrühren.
Abbildung oben

EINTÖPFE MIT FLEISCH

LINSENEINTOPF
(für 4 Portionen)

*400 g Linsen, 1 l Wasser, 100 g geräucherter Speck,
250 g Schweinebauch, 2 Lauchstangen, 2 Karotten, 1/4 Sellerieknolle,
1 Zwiebel, 4 Nelken, 1 Lorbeerblatt, Salz, Pfeffer, 500 g Kartoffeln,
4 Wiener Würstchen, 1 EL Zucker, 4 EL Essig*

Linsen am Vortag mit dem Wasser in einer Schüssel quellen lassen. Am nächsten Tag Speck und Schweinebauch in Würfel schneiden. Das Gemüse putzen und in kleine Würfel bzw. Scheiben schneiden. Den Speck in einem großen Topf auslassen, Schweinebauch darin rundherum kross anbraten. Das Gemüse zugeben und 5 Minuten unter Rühren braten. Zwiebel schälen und mit Nelken und Lorbeerblatt spicken.
Linsen mit dem Einweichwasser und Zwiebel in den Topf geben. Mit Salz und Pfeffer würzen und zugedeckt 45 Minuten bei mäßiger Hitze kochen lassen. Kartoffeln schälen, waschen, in 2 cm große Würfel schneiden. Nach 20 Minuten in den Topf geben. 10 Minuten vor Ende der Garzeit die Würste im Eintopf erhitzen.
Eintopf kräftig mit Salz, Pfeffer, Zucker und Essig abschmecken.
In einer Suppenterrine mit Würstchen belegt servieren.

ITALIENISCHER SCHMORTOPF
(für 4 Portionen)

*100 g durchwachsener Speck, 750 g Rinderschmorbraten, Salz,
Pfeffer, 1 TL getrockneter Thymian, 250 g Zwiebeln, 2 EL Schweineschmalz, 2 Lorbeerblätter, 1/4 l Rotwein, 1/8 l kräftige Fleischbrühe,
750 g Kartoffeln, 400 g Möhren*

Speck fein würfeln und in einem Topf auslassen. Die Grieben herausnehmen und zur Seite stellen. Das Fleisch salzen, pfeffern und in dem Fett rundherum gut anbraten. Das Fleisch anschließend mit Thymian bestreuen. Die Zwiebeln schälen und klein schneiden. Das Schweineschmalz in den Topf geben und die Zwiebeln glasig anbraten. Lorbeerblätter dazugeben, Rotwein und Fleischbrühe mischen und einen Teil davon um das Fleisch gießen. Zuge-

EINTÖPFE MIT FLEISCH

deckt 90 Minuten schmoren lassen. Dabei nach und nach weitere Flüssigkeit angießen. Inzwischen die Kartoffeln und Möhren schälen, die Kartoffeln in Viertel und die Möhren in Scheiben schneiden. Beides um den Braten legen, mit der restlichen Flüssigkeit begießen und weitere 30 Minuten schmoren lassen. Vor dem Servieren das Fleisch herausnehmen, in Scheiben schneiden und auf dem Gemüse anrichten.
Die Speckgrieben wieder erhitzen, darüberstreuen und das Gericht in der Form servieren.

NUDELEINTOPF MIT ERBSEN UND MÖHREN
(für 4 Portionen)

500 g Suppenfleisch vom Rind, 1 Zwiebel, 2 Nelken, Salz, 1 1/2 l Wasser, 250 g Gabelspaghetti, 500 g tiefgekühlte Erbsen und Möhren, Petersilie

Das Rindfleisch in Würfel schneiden. Die Zwiebel schälen und mit dem Fleisch und den Gewürzen in heißes, gesalzenes Wasser geben. Zum Kochen bringen und etwa 1 Stunde garen lassen. Inzwischen die Spaghetti in reichlich Salzwasser nach Kochanleitung bißfest garen. Die Erbsen und Möhren in die Brühe geben. Die Nudeln ebenfalls dazugeben.
Alles einige Minuten ziehen lassen. Den Eintopf noch einmal abschmecken und mit gehackter Petersilie bestreut servieren.

EINTÖPFE MIT FLEISCH

HÜHNERSUPPENTOPF MIT REIS
(für 4 Portionen)

1 l Wasser, 2 Döschen klare Hühnersuppe extra, 4 Hähnchenschenkel, 250 g Blumenkohl, 1/2 Wirsing, 250 g junge Möhren, 250 g grüne Bohnen, 1 Bund Petersilie, 4 Tassen Wasser, 1 Döschen klare Hühnersuppe, 2 Tassen Reis

Das Wasser zum Kochen bringen. Die Hühnersuppe darin auflösen und die Hähnchenschenkel dazugeben. Blumenkohl und Wirsing putzen und waschen. Blumenkohl in Röschen teilen, Wirsing vierteln. Möhren und Bohnen ebenfalls putzen, waschen und mit dem anderen Gemüse zu den Hähnchenschenkeln geben. Bei geringer Wärmezufuhr etwa 35 Minuten kochen. Unterdessen 4 Tassen Wasser zum Kochen bringen, Hühnersuppe darin auflösen, den Reis hinzufügen und bei geringer Wärmezufuhr etwa 20 Minuten ausquellen lassen. Hühnersuppe in einer großen Schüssel anrichten und mit der gehackten Petersilie bestreuen. Den Reis zu dem Hühnersuppentopf servieren. *Abbildung*

FINNISCHER EINTOPF
(für 4 Portionen)

400 g Schweinefleisch, 400 g Rindfleisch, 200 g Nieren, 200 g Leber, 3 Zwiebeln, 5 Karotten, 1 Steckrübe, einige Pfefferkörner, 1 Lorbeerblatt, Salz, 1 Prise gemahlener Piment

Fleisch und vorbereitete Innereien in große Würfel schneiden. Das Gemüse putzen und ebenfalls würfeln.
Alles in einen Topf geben, die Gewürze hinzufügen und mit Wasser auffüllen, so daß alle Zutaten bedeckt sind. Im vorgeheizten Ofen bei 180 Grad C zugedeckt 3-4 Stunden garen lassen. Das Fleisch soll zum Schluß sehr mürbe sein.

EINTÖPFE MIT FLEISCH

GEFLÜGELEINTOPF MIT NUDELN
(für 4 Portionen)

*2 kleine Zwiebeln, 400 g Hühnerbrust, 40 g Margarine,
1 l Hühnerbrühe, 400 g tiefgekühltes Suppengemüse, 120 g gerippte
Hörnchennudeln, Salz, Pfeffer, Curry, 1 Bund Petersilie*

Die Zwiebeln schälen und fein würfeln. Das Hühnerfleisch in Würfel schneiden. Die Zwiebeln in der heißen Margarine andünsten. Die Brühe, das Gemüse, das Hühnerfleisch und die Nudeln dazugeben. Alles zugedeckt etwa 20 Minuten kochen lassen. Den Eintopf mit Salz, Pfeffer und etwas Curry abschmecken. Mit fein gehackter Petersilie bestreuen und servieren.

GAISBURGER MARSCH
(für 4 Portionen)

*1 kg Rindfleisch, 3 Knochen, 1 Markknochen, 2 Bund Suppengrün,
3 Zwiebeln, 2 Gewürznelken, 1 Lorbeerblatt, 500 g Kartoffeln, 250 g
Spätzle, geriebene Muskatnuß, 2 EL Butter, gehackte Petersilie*

Das Fleisch und die Knochen kurz abspülen. Suppengrün putzen, in Würfel bzw. Scheiben schneiden. Zwiebeln schälen, eine halbieren und jede Hälfte mit einer Gewürznelke spicken. Alles mit dem Lorbeerblatt in einen Topf mit kochendem Wasser geben, salzen und 1 1/2 Stunden kochen. Kartoffeln schälen und in Würfel schneiden. Das Fleisch aus der Brühe nehmen, die Brühe durchsieben, wieder aufkochen lassen, die Kartoffeln hineingeben und 20 Minuten gar kochen. Spätzle nach Vorschrift in gesalzenem Wasser garen. Auf einem Sieb abtropfen lassen. Das Fleisch würfeln, mit den Spätzle zu den Kartoffeln in die Brühe geben. Mit Muskat abschmecken. Restliche Zwiebeln würfeln und in erhitzter Butter goldgelb braten. Das Gericht mit den gebräunten Zwiebeln und gehackter Petersilie bestreut servieren.

EINTÖPFE MIT FLEISCH

JUGOSLAWISCHER EINTOPF
(für 4-5 Portionen)

*Je 250 g Rindfleisch, Schweinefleisch und Hammelfleisch, 5 EL Öl,
3 Zwiebeln, 3 Knoblauchzehen, 3 Paprikaschoten, 1 EL Paprika
edelsüß, 1 TL Paprika rosenscharf, Salz, schwarzer Pfeffer,
1/4 l Wasser, 250 g Tomaten, 1/8 l saure Sahne*

Das Fleisch in gulaschgroße Würfel schneiden und im heißen Öl portionsweise kräftig anbraten. Das Fleisch herausnehmen und im verbliebenen Fett gehackte Zwiebeln, gehackten Knoblauch und in Streifen geschnittene Paprikaschoten dünsten. Das Fleisch in den Topf zurückgeben, würzen und das Wasser angießen. Zugedeckt etwa 40 Minuten schmoren lassen. Inzwischen die Tomaten häuten, vierteln und entkernen. Hinzufügen und weitere 15 Minuten garen. Während der letzten Minuten die Flüssigkeit einkochen lassen. Abschmecken, saure Sahne einrühren und mit gekochtem Reis servieren.

POLNISCHER EINTOPF
(für 4 Portionen)

*500 g Schweinefleisch, 200 g durchwachsener Speck,
4 EL Schmalz, 3 Zwiebeln, 3 Knoblauchzehen, 250 g Weißkohl,
1 Apfel, 500 g Sauerkraut, 100 g Champignons, 100 g Steinpilze, Salz,
Pfeffer, Kümmel, Majoran, 2 EL Paprika, 1 Lorbeerblatt,
3 EL Tomatenmark, 4 Knoblauchwürstchen*

Fleisch und Speck in Würfel schneiden und im heißen Fett anbraten. Gewürfelte Zwiebeln und gehackten Knoblauch mit gehobeltem Weißkohl und gewürfeltem Apfel sowie Sauerkraut zufügen und kräftig anschmoren.
Die Pilze mit Gewürzen und Tomatenmark untermischen. Mit Wasser so auffüllen, daß alles knapp bedeckt ist. Zugedeckt 2 1/2 Stunden bei 200 Grad C im Ofen garen.
Die letzten 30 Minuten die in Scheiben geschnittene Wurst mitgaren und die Flüssigkeit einkochen

EINTÖPFE MIT FLEISCH

ELSÄSSER OFENTOPF
(für 4 Portionen)

750 g Kartoffeln, 250 g Lauch, 250 g Zwiebeln, 200 g Rindfleisch, 200 g Schweinefleisch, 2 Knoblauchzehen, 2 EL Senf, 50 g geräucherter durchwachsener Speck, 1/4 l Wasser, 1 Würfel klare Fleischsuppe, 1/4 l Weißwein, Thymian, Majoran

Kartoffeln schälen, waschen und in Scheiben schneiden. Lauch putzen, Zwiebeln schälen, beides ebenfalls in Scheiben schneiden. Jeweils die Hälfte der Zutaten in eine feuerfeste Form geben. Rind- und Schweinefleisch in mundgerechte Würfel schneiden. Knoblauchzehen schälen und kleinschneiden, mit dem Senf auf das Fleisch geben und gut mischen, dann auf das Gemüse verteilen. Speck in kleine Würfel schneiden, darüberstreuen und das restliche Gemüse zufügen. Wasser zum Kochen bringen, die Fleischsuppe darin auflösen und darübergießen. Mit Weißwein auffüllen und mit Thymian und Majoran würzen.
Deckel auf die Form geben und im Backofen bei 175 Grad C etwa 2 Stunden garen. *Abbildung rechts*

PICHELSTEINER
(für 4 Portionen)

500 g Rind- und Schweinefleisch gemischt, 50 g Fett, 2 Zwiebeln, Salz, Pfeffer, etwas Paprika, 1 kg Gemüse (1 Sellerieknolle, 3 Petersilienwurzeln, 3 gelbe Rüben, 3 Stangen Lauch, sonstige Gemüse nach Wahl), 3/4 kg Kartoffeln, 3/4 l Brühe, gehackte Petersilie

Das Fleisch in gleichmäßige Würfel, vorbereitetes Gemüse und Kartoffeln in nicht zu dicke Scheiben schneiden. In einem Topf das Fleisch und die feingeschnittenen Zwiebeln in heißem Fett anrösten und würzen. Die Hälfte des Fleisches herausnehmen, Gemüse, Kartoffeln und angeschmortes Fleisch lagenweise einschichten, dabei jede Schicht würzen, als oberste Lage Kartoffeln geben, mit heißer Brühe seitlich aufgießen und bei mäßiger Hitze im geschlossenen Topf etwa eine Stunde gar dünsten. Bei Bedarf etwas heiße Flüssigkeit seitlich zugießen. Vor dem Servieren mit gehackter Petersilie abschmecken.

EINTÖPFE MIT FLEISCH

BASKISCHER EINTOPF
(für 4 Portionen)

*500 g Schweine- und Ochsenfleisch gemischt, 4 EL Öl, 1 Zwiebel,
500 g gelbe Paprikaschoten, 500 g gehäutete Tomaten, 3/4 kg Kartoffeln, 10 Oliven, 1/2 l Brühe, Salz, gehackte Petersilie*

Das Fleisch in kleinere Würfel schneiden. Paprika von Stielansatz und Samenkernen befreien und in Streifen schneiden. Die Tomaten vierteln. Das Fleisch in heißem Öl anrösten, feingeschnittene Zwiebel zugeben und glasig werden lassen. Paprikastreifen hinzufügen, gut andünsten, dann die Tomaten zugeben, durchdünsten und zuletzt klein gewürftele Kartoffeln und Oliven untermengen. Alles gut würzen, mit kochender Brühe aufgießen und zugedeckt bei mäßiger Hitze 1 Stunde garen.
Vor dem Servieren den Eintopf abschmecken und mit gehackter Petersilie anrichten.

ORIENTALISCHER LAMMTOPF
(für 4 Portionen)

*150 g Kichererbsen, 500 g Auberginen, Salz, 60 g Weizenschrot,
600 g Lammfleisch (Keule), 2 große Zwiebeln, 4 EL Öl, 2 Knoblauchzehen, frischgemahlener schwarzer Pfeffer, 1 TL Korianderpulver,
1 TL Zimtpulver, 2 EL Tomatenmark, 1/4 l Fleischbrühe, 1 grüne
Paprikaschote, 50 g Pinienkerne, evtl. 4 gehäufte EL Sahnejoghurt*

Die Kichererbsen 12 Stunden in Wasser einweichen. Danach die Auberginen von den Stielansätzen befreien, waschen, mit der Schale in große Würfel schneiden und mit Salz bestreut zugedeckt in einer Schüssel 30 Minuten stehen lassen. Weizenschrot in Wasser einweichen. Das Lammfleisch waschen, trockentupfen, in kleinere Würfel schneiden. Die Zwiebeln schälen und feinhacken. Das Öl in einem Topf erhitzen, Zwiebeln und Fleisch darin gut anbraten. Den geschälten Knoblauch durch die Presse dazudrücken, mit Salz, Pfeffer, dem Koriander und dem Zimt sowie dem Tomatenmark würzen. Die abgetropften Kichererbsen dazugeben und mit der heißen Fleischbrühe aufgießen. Den Topf schließen und 45 Minuten garen lassen. Inzwischen die Pa-

EINTÖPFE MIT FLEISCH

prikaschote putzen, waschen und in Streifen schneiden. Die Auberginenwürfel abtropfen lassen und mit Küchenpapier trockentupfen. Paprikastreifen, Auberginenwürfel sowie den abgetropften Weizenschrot dazugeben und alles nochmals 15 Minuten bei geringer Hitzezufuhr garen. Vor dem Servieren die Pinienkerne unter das Gericht rühren und kräftig nachwürzen. Beim Servieren nach Belieben etwas Sahnejoghurt auf jede Portion geben.

SCHWEINEBAUCH MIT KAROTTEN
(für 4 Portionen)

500 g durchwachsener Schweinebauch, 2 Zwiebeln, Paprika, Pfeffer, Salz, 1 kg Karotten, 3/4 kg Kartoffeln, 3/8 l Brühe, 1 Bund Petersilie

Das Fleisch in gleichmäßige, kleinere Würfel schneiden und im eigenen Fett bei guter Hitze anbraten, etwas Fett ausbraten lassen, dann klein gehackte Zwiebel und Gewürze zugeben und kurz mitbraten.
Die in Würfel geschnittenen Karotten sowie geschälte, gewürfelte Kartoffeln hinzufügen, kurz andünsten lassen, dann mit der Brühe aufgießen. Abschmecken und bei mäßiger Hitze etwa 1 Stunde dünsten. Vor dem Servieren mit der gehackten Petersilie anrichten.

KARTOFFEL-HÄHNCHEN-PFANNE
(für 2 Portionen)

*2 Hähnchenschenkel, Salz, Paprika, 1 EL Öl, 1 EL Butter,
500 g Kartoffeln, 1 Bund Lauchzwiebeln oder 1-2 Stangen Porree,
1/2 Bund glatte Petersilie, 1 Tasse Fleischbrühe, Knoblauch*

Die Hähnchenschenkel abspülen und leicht trockentupfen, mit Salz und Paprika würzen und im Schmortopf in Öl und Butter anbraten. Die Kartoffeln schälen und vierteln, Lauchzwiebeln oder Porree in Stücke oder Scheiben schneiden, Petersilie abzupfen und die Fleischbrühe, evtl. auch Knoblauch, hinzufügen. Alles 40 Minuten bei 200 Grad im geschlossenen Schmortopf im Backofen garen, im Topf servieren.
Abbildung oben

Aufläufe mit Fisch

ÜBERBACKENER KABELJAU
(für 4 Portionen)

*1 kg Kabeljaufilet, 3 EL Zitronensaft, 500 g reife Tomaten,
3 Zwiebeln, 3 EL Erdnußöl, 3 EL Essig, 1 EL Zucker, Salz, 1 Zimtstange, 1/2 TL grob gemahlener Pfeffer, 30 g Butter, 30 g Mehl,
2 Eigelbe, 3 EL dicke saure Sahne, 75 g geriebener Emmentaler Käse,
Paprika rosenscharf*

Filetstücke unter kaltem Wasser abspülen, mit Küchenkrepp trockentupfen,
dann in mundgerechte Würfel schneiden, mit dem Zitronensaft beträufeln
und zur Seite stellen. Tomaten waschen
und in Viertel schneiden. Zwiebeln
schälen, grobhacken und in dem erhitzten Öl glasig braten. Tomaten, Essig, Zucker, Salz, die Zimtstange und
den Pfeffer zufügen. Diese Mischung
im offenen Topf einkochen, dann zugedeckt bei milder Hitze etwa 20 Minuten
köcheln lassen. Den Fond in ein Sieb
geben, die Flüssigkeit auffangen, die
festen Teile gut ausdrücken. Mit Wasser
auf einen halben Liter auffüllen. Die

Brühe aufkochen, die Filetstücke einlegen und 10 Minuten bei geringer Hitze
garziehen lassen. Die Fischstücke mit
einer Schaumkelle herausheben und in
eine feuerfeste Form geben. Butter in
einem Topf erhitzen, Mehl zufügen, hell
anschwitzen und mit dem Fischfond
aufgießen. 10 Minuten unter häufigem
Rühren sanft köcheln lassen. Eigelbe
und saure Sahne verschlagen und die
Sauce damit binden. Über die Fischstücke gießen und mit Käse bestreuen.
Im vorgeheizten Backofen bei 220 Grad
10 Minuten überbacken.
Mit Paprika dünn bestäuben und in der
Form servieren.

AUFLÄUFE MIT FISCH

FISCHFILET MIT REIS-KRUSTE
(für 4 Portionen)

125 g Naturreis, 600 g Fischfilet (z.B. Kabeljau, Rotbarsch, Steinbeißer, Seelachs), 1 EL Zitronensaft, Salz, 2 Zwiebeln, 1 EL Butter, 400 g Tomaten, Salz, Pfeffer, Thymian, Majoran, 2 EL Crème fraîche, Butterflöckchen

Den Reis nach Packungsanweisung garen und abkühlen lassen. Fischfilet säubern, mit Zitronensaft beträufeln, salzen, in mundgerechte Stücke schneiden und durchziehen lassen. Zwiebeln schälen und in kleine Würfel schneiden, in Butter glasig dünsten, den Fisch in die Pfanne legen und von beiden Seiten anbraten. Tomaten mit kochendem Wasser übergießen, abziehen und in Scheiben schneiden.
Eine feuerfeste Form fetten, die Tomatenscheiben hineinlegen, würzen, Crème fraîche daraufstreichen und den Fisch darauflegen.
Den Reis darauf verteilen, mit Butterflöckchen belegen und bei 250 Grad C etwa 25 Minuten backen.

GESCHMORTE MAKRELE MIT TOMATEN
(für 2 Portionen)

1 große Makrele (ca. 500 g), Saft 1 Zitrone, 1 Beutel Fischgewürz, 1 Bund Dill, Salz, Pfeffer, 1 Knoblauchzehe, 8 Eiertomaten, 1/8 l trockener Weißwein, 1 EL gehackter Kerbel

Die Makrele schräg mehrmals einschneiden. Mit Zitronensaft beträufeln, dem Fischgewürz, fein gehacktem Dill, Salz, Pfeffer und der fein gehackten Knoblauchzehe bestreuen und über Nacht stehen lassen.
Die Tomaten überbrühen und schälen, im Ganzen mit den marinierten Fischen in eine feuerfeste Form schichten.
Den Weißwein angießen und alles in etwa 30 Minuten bei 220 Grad garen.
Mit dem Kerbel bestreuen und mit Zitronenachtel garniert servieren.
Dazu Weißbrot oder Reis reichen.

AUFLÄUFE MIT FISCH

SCHELLFISCH IM PORREEMANTEL
(für 4 Portionen)

*1 Porreestange, 1/4 l Gemüsebrühe,
1 küchenfertiger Schellfisch, 1 Zitrone, Salz, 800 g Kartoffeln,
500 g Möhren, 1 Bund glatte Petersilie*

Die Porreestange längs halbieren und in einzelne Blätter zerteilen. Porreeblätter und Gemüsebrühe in einem Topf zwei Minuten kochen. Fisch kalt abspülen, trockentupfen, mit Zitronensaft beträufeln, salzen und mit den Porreeblättern umwickeln. Den Fisch in eine längliche Auflaufform setzen, geschälte und längs geviertelte Kartoffeln sowie geputzte Möhren zugeben. Im Backofen bei 180 Grad etwa 40 Minuten garen und noch fünf Minuten im ausgeschalteten Ofen ruhenlassen. Mit gehackter Petersilie bestreut servieren.

FISCH-TOMATEN-AUFLAUF
(für 4 Portionen)

*800 g tiefgekühltes Kabeljau-Filet, Saft 1/2 Zitrone, Salz,
weißer Pfeffer, 50 g Butter, 1 kleine Dose geschälte Tomaten,
1 kleine Dose Champignons, 1 Zwiebel, Majoran, 1 TL Paprikapulver
rosenscharf, 1/8 l Milch, 125 g Schmelzkäse, 2 EL Semmelbrösel,
20 g Butter*

Die Fischfilets auftauen, mit dem Zitronensaft beträufeln und 5 Minuten ziehen lassen, dann salzen und pfeffern. Die Hälfte der Butter erhitzen und das Fischfilet von beiden Seiten etwa 5 Minuten anbraten. In eine gefettete feuerfeste Form legen. Tomaten und Champignons abtropfen lassen. Beides grob zerkleinern. Die Zwiebel schälen und fein hacken. Restliche Butter im Bratfett der Filets zerlassen, die Zwiebel und Champignons darin andünsten. Tomaten zugeben, mit Salz, Pfeffer, Majoran und Paprikapulver würzen. Kurz aufkochen lassen und über dem Fisch verteilen. Die Milch in einem Topf erhitzen und den Käse darin unter Rühren auflösen. Die Sauce über die Tomaten-Pilz-Mischung gießen. Semmelbrösel darüberstreuen und den Auflauf mit Butterflöckchen belegen.
Im vorgeheizten Backofen auf der mittleren Schiene bei 250 Grad C etwa 12-15 Minuten gratinieren.

61

AUFLÄUFE MIT FISCH

MERLAN IM SPINATBETT
(für 4 Portionen)

*1 kg Merlan, Saft von 1 Zitrone, Salz, 2 Knoblauchzehen,
1 Glas trockener Weißwein, 2 EL Butter, 500 g Blattspinat, 1/2 l Sahne,
150 g geriebener Käse, 50 g geriebene Mandeln*

Den gewaschenen Fisch mit Zitronensaft und Salz würzen. Die geschälten Knoblauchzehen mit etwas Salz durch die Knoblauchpresse drücken. Butter mit Knoblauch in einer feuerfesten Form schmelzen.
Den gewaschenen Spinat daraufgeben, Wein angießen, salzen und kurz vorgaren. Fische in den vorgegarten Spinat legen. Mit Butter bestreichen und im vorgeheizten Ofen bei ca. 200 Grad 40 Minuten backen. Aus dem Ofen nehmen und mit einer Creme aus Sahne, Käse und Mandeln bestreichen. Nochmals etwa 10 Minuten überbacken.

ZANDER MIT KRÄUTERSAUCE
(für 4 Portionen)

*800 g Zanderfilets, Saft von 1/2 Zitrone, 3 Schalotten,
2 EL Butter, Salz, weißer Pfeffer, 4 EL trockener Weißwein,
0,2 l Sahne, 3 EL Crème fraîche, 1 Handvoll gemischte Kräuter
(z.B. Petersilie, Kerbel, Pimpinelle, Brunnenkresse,
Sauerampfer), Salz, Pfeffer*

Die Zanderfilets abspülen, trockentupfen und mit dem Zitronensaft beträufeln. Die Schalotten schälen, feinhacken und in Butter glasig werden lassen, dann in eine feuerfeste Form geben. Den Fisch darauflegen, salzen, mit gemahlenem Pfeffer bestreuen und mit Weißwein begießen. Die Form mit Alufolie abdecken. Im vorgeheizten Ofen bei 180 Grad C 10-12 Minuten garen. Den Fond durch ein Sieb abgießen, die Fischfilets warm halten. Den Fond mit Sahne und Crème fraîche cremig einkochen lassen. Die Kräuter sehr feinhacken und zur Sauce geben. Mit Salz und Pfeffer abschmecken.

AUFLÄUFE MIT FISCH

FISCH-AUFLAUF MIT GRÜNEM PFEFFER
(für 4 Portionen)

800 g Fischfilet (Goldbarsch, Leng, Kabeljau), 4 Tomaten, Saft von 1 Zitrone, 3 Eier, 20 g Butter, 1/8 l Sahne, 2 TL grüne Pfefferkörner, 1/2 TL Salz, 1 EL gekochte glatte Petersilie

Mit der weichen Butter eine ofenfeste Form ausstreichen. Die Tomaten einritzen, kurz in kochendes Wasser halten, dann die Haut abziehen und in dickere Scheiben schneiden. Die Fischfilets unter fließendem Wasser waschen, mit Küchenpapier trockentupfen, mit Zitronensaft beträufeln und mit Salz bestreuen. In die gebutterte Form schichtweise Fischfilet und Tomaten einlegen. Die Eier mit der Sahne, den Pfefferkörnern und der Petersilie verrühren. Die Eiersahne nun sorgfältig über das Gericht verteilen. Die Form mit Alufolie bedecken, auf die mittlere Schiene des auf 220 Grad vorgeheizten Backofens schieben und 20-25 Minuten garen. Dazu Salzkartoffeln reichen. *Abbildung*

AUFLÄUFE MIT FISCH

SPARGEL-LACHS-GRATIN
(für 4 Portionen)

*4 Scheiben frischer Lachs à 100 g, 1-2 EL Zitronensaft,
frisch gemahlener schwarzer Pfeffer, 1 EL fein gezupfte Dillspitzen,
je 1 kg weißer und grüner Spargel, 1 Prise Zucker, Salz, 30 g Butter,
100 g geriebener Gruyere, 250 ml Sauce-Hollandaise*

Die Lachs-Scheiben mit Zitronensaft beträufeln, mit Pfeffer und Dill bestreuen und etwa 30 Minuten marinieren lassen. In der Zwischenzeit den weißen Spargel unterhalb des Kopfes von oben nach unten schälen, den grünen Spargel ungeschält lassen, jeweils die Enden großzügig abschneiden. Die Spargelstangen gleicher Dicke bündeln und mit Küchengarn umwickeln. In leicht gesalzenes, kochendes Wasser geben, Zucker und 10 g Butter hinzufügen. Weißen Spargel ca. 20 Minuten, grünen ca. 10 Minuten garen, gut abtropfen lassen. Eine hitzebeständige Form mit der restlichen Butter einfetten. Den weißen und grünen Spargel mischen, in vier Portionen bündeln und je mit 1 Lachs-Scheibe an den Spargel-Enden umwickeln. Den Lachs etwas salzen und mit geriebenem Käse bestreuen.
Im vorgeheizten Backofen etwa 2-3 Minuten übergrillen.
Die Sauce Hollandaise in einem Töpfchen erwärmen und zum Spargel-Lachs-Gratin reichen.

FISCHTÖRTCHEN
(für 4 Portionen)

*200 g geräucherter Fisch wie Makrelenfilets, Heilbutt,
Heringsfilets oder Ölsardinen, 1/2 Bund Petersilie, je 1 Prise Salz und
Pfeffer aus der Mühle, 8-10 gefüllte Oliven, 1 Dose gekühlter
Frischteig (200 g), 1/8 l saure Sahne, 2 Eier, je 1 Prise Salz und
Pfeffer aus der Mühle*

Geräucherten Fisch häuten und mit einer Gabel zerpflücken. Petersilie fein wiegen. Oliven in Scheiben schneiden. 4 feuerfeste Förmchen fetten.
Den Dosenteig flach ausrollen und die Förmchen damit auskleiden.
Fischstückchen und Olivenscheiben auf dem Teig verteilen. Sahne und Eier verquirlen, würzen und über die Fischtörtchen geben.
Bei 200 Grad C in 20-30 Minuten im Backofen backen.

AUFLÄUFE MIT FISCH

FISCHFILETAUFLAUF
(für 4 Portionen)

4 Scheiben Fischfilet (z.B. Kabeljau), 2 EL Zitronensaft, Salz, Pfeffer,
4 Tomaten, 100 g Gouda-Käse, 100 g Schinken,
3 Eier, 1 Glas Weißwein

Die vorbereiteten Fischfilets in eine gefettete Auflaufform legen, mit Zitronensaft beträufeln und leicht würzen. Darauf die Tomatenscheiben legen, diese mit Salz und Pfeffer bestreuen, darüber die gehackten Käse- und Schinkenwürfel verteilen. Die Eier mit dem Wein, Salz und Pfeffer verquirlen und über den Auflauf verteilen. Den Backofen vorheizen, den Auflauf bei milder Temperatur etwa 30 Minuten überbacken.

❖❖❖❖❖❖❖❖❖

GEFÜLLTE GOLDBRASSE
(für 4 Portionen)

1 küchenfertige Goldbrasse (ca. 1200 g), 3 EL Zitronensaft,
400 g kleine Egerlinge oder Champignons, 4 Schalotten, 100 g Butter,
1 Bund Petersilie, 1 Lorbeerblatt, 4 EL Semmelbrösel, Salz, schwarzer
Pfeffer, 1 Prise gemahlener Piment, 1 Ei, 1/8 l trockener Weißwein

Die Goldbrasse gründlich abspülen, mit Küchenpapier trockentupfen und innen mit Zitronensaft einreiben. Die Pilze putzen und die Hälfte davon hacken, die übrigen halbieren oder vierteln. Die Schalotten schälen, fein hacken und in 1 Eßlöffel erhitzter Butter glasig braten. Die gehackten Pilze zufügen und so lange unter Rühren braten, bis keine Flüssigkeit mehr vorhanden ist. Die Petersilie fein hacken, das Lorbeerblatt fein zerbröseln. Petersilie und Lorbeerblatt zusammen mit 2 Eßlöffel Semmelbrösel und dem Ei unter die Pilze mischen und mit Salz, Pfeffer und Piment würzen. Die Goldbrasse damit füllen. Eine Auflaufform mit etwas Butter einstreichen und den Fisch hineinlegen, mit den restlichen Semmelbröseln und etwas Salz und Pfeffer bestreuen. Die restliche Butter schmelzen lassen und den Fisch damit beträufeln. Die übrigen Pilze um den Fisch legen und mit dem Wein begießen. Die Form in den vorgeheizten Backofen schieben und bei 180 Grad C etwa 40 Minuten garen. Den Fisch auf einer vorgewärmten Platte mit Zitronenscheiben anrichten.

65

SCHOLLENLOCKEN AUF NUDELN
(für 4 Portionen)

*250 g Bandnudeln, Salz, 1 EL Öl, 10 g Butter, 1/4 l süße Sahne,
2-3 mittelgroße Schalotten, 1 Fleischtomate, 1/8 l Weißwein,
4 Schollenfilets à 150 g, Salz, Pfeffer, 200 g Butter, 3 Eigelbe,
4-5 Tropfen Zitronensaft*

Nudeln in zwei Liter kochendem Salzwasser in Öl 8 Minuten garen, abgießen und heiß abspülen. Eine feuerfeste Form mit Butter ausstreichen und die Nudeln einfüllen. Zugedeckt warmhalten. Sahne bei milder Hitze etwa auf die Hälfte einkochen. Schalotten schälen, fein würfeln, mit dem Inneren der

AUFLÄUFE MIT FISCH

gehäuteten Fleischtomate in Weißwein in einer Pfanne fünf Minuten dünsten. Ausgehöhlte Tomatenviertel in Streifen oder Würfel schneiden. Schollenfilets salzen, pfeffern und zu Spiralen drehen. Auf dem Zwiebel-Weinsud 8-10 Minuten zugedeckt dünsten. Butter schmelzen, Eigelbe in einer Schüssel im Wasserbad aufschlagen, mit Salz, Pfeffer und einigen Tropfen Zitronensaft würzen. Butter tropfenweise unter ständigem Schlagen in die Eigelbcreme geben und dicklich rühren. Schollenspiralen auf die Nudeln legen. Schalottensud durch ein Sieb gießen. Eine Hälfte unter die eingekochte Sahne, die andere Hälfte unter die Sauce Hollandaise schlagen. Heiße Sahne über die Nudeln gießen. Sauce Hollandaise über die Nudeln verteilen. Tomatenstückchen darüberstreuen. 2-3 Minuten unter dem Grill gold-braun werden lassen. *Abbildung*

FISCHFILETS MAILÄNDER ART
(für 4 Portionen)

300 g tiefgekühlter Blattspinat, 4 Seelachsfilets à 150 g,
Saft 1/2 Zitrone, Salz, Pfeffer, 60 g Butter, 2 Schalotten, abgeriebene
Muskatnuß, 200 g Doppelrahmfrischkäse, 4 EL Crème fraîche,
2 Knoblauchzehen, 1 Bund glatte Petersilie, 2 TL Kräutersenf,
Butter zum Überbacken

Den Spinat auftauen lassen. Die Seelachsfilets kurz abspülen, mit Küchenpapier trockentupfen und dem Zitronensaft beträufeln. Einige Minuten ziehen lassen, dann mit Salz und Pfeffer würzen. Die Hälfte der Butter schmelzen und die Fischfilets kurz darin wenden. Aus der Pfanne heben und warm halten. Die restliche Butter in die Pfanne geben, geschälte und fein gehackte Schalotten darin andünsten. Blattspinat zugeben, mit Salz, Pfeffer und abgeriebener Muskatnuß würzen. Unter ständigem Rühren so lange auf großer Flamme dünsten, bis alle Flüssigkeit verdampft ist. Frischkäse mit Crème fraîche verrühren. Knoblauchzehen schälen und zerdrücken. Petersilie fein hacken. Beides mit der Kräutercreme verrühren. Mit Senf, Salz und Pfeffer abschmecken. Eine feuerfeste Form mit Butter ausstreichen. Fischfilets nebeneinander hineinlegen.
Spinat darüber verteilen, dann mit der Käsecreme überziehen. Mit Butterflöckchen belegen und im vorgeheizten Backofen bei 220 Grad C in 30 Minuten goldgelb überbacken.

EINTÖPFE MIT FISCH

Eintöpfe mit Fisch

CHINESISCHER GARNELEN-EINTOPF
(für 4 Portionen)

*500 g TK-Garnelen, Saft von 1 Zitrone, 1 Eiweiß,
25 g Speisestärke, 10 g getrocknete Morcheln, 250 g junge Erbsen,
1/2 l Sesamöl, 2 Zwiebeln, 150 g Bambussprossen (Dose), 1/2 TL
Ingwerpulver, 1 Paprikaschote, 2 TL Curry, 1 TL Zucker,
2 EL Sojasauce, 2 EL Sherry*

Garnelen auftauen lassen und mit Zitronensaft beträufeln. Eiweiß und Speisestärke verquirlen, Garnelen hineingeben. Morcheln in Stücke brechen, mit kochendem Wasser übergießen und 15 Minuten ziehen lassen. Erbsen mit wenig Wasser 10 Minuten garen, dann warm stellen. Öl im Fritiertopf erhitzen und die Garnelen darin 2-3 Minuten fritieren. Abtropfen lassen und ebenfalls warm stellen. Zwiebeln fein würfeln, abgetropfte Bambussprossen in feine Streifen schneiden. 2 Eßlöffel des Ausbackfetts in eine Pfanne geben. Zwiebeln und Bambussprossen darin anschmoren, etwas Bambuswasser dazugeben und dünsten.

Mit dem Ingwerpulver würzen. Paprikaschote putzen, in Streifen schneiden und in die Pfanne geben, wenn die Zwiebeln glasig sind. Kurz mitdünsten, mit Curry, Zucker und Sojasauce würzen. Pilze abgießen und abtropfen lassen.

Mit den Garnelen und den Erbsen unter das übrige Gemüse mischen. Vor dem Servieren alles mit angewärmtem Sherry übergießen.

EINTÖPFE MIT FISCH

FISCH-GEMÜSE-EINTOPF
(für 4 Portionen)

*500 g Rotbarschfilet, 4 EL Zitronensaft, 2 Zwiebeln,
300 g Karotten, 100 g Sellerie, 40 g Butter, 1 EL Paprika edelsüß,
1/2 TL Rosenpaprika, 1 TL Salz, 1 Lorbeerblatt, 1 l Wasser,
400 g Tomaten, 1 Bund gehackte Petersilie, 2 EL Sahne*

Fischfilet in mundgerechte Stücke schneiden, entgräten und mit Zitronensaft beträufeln. Zwiebeln, Karotten und Sellerie schälen und in kleine Stücke schneiden. Butter in einem Topf erhitzen, das Gemüse unter Rühren darin glasig werden lassen. Paprika und Gewürze untermischen, mit Wasser auffüllen und aufkochen. Zugedeckt über mäßiger Hitze garen. Die Tomaten mit kochendem Wasser überbrühen, häuten, vierteln und entkernen.
Zusammen mit dem Fisch in den Topf geben und 10 Minuten ziehen lassen, nicht kochen.
Petersilie zufügen, abschmecken und die Sahne einrühren. Mit Salzkartoffeln oder Reis servieren.

FISCHPICHELSTEINER
(für 4 Portionen)

*600 g Seefischfilets, 3 EL Zitronensaft,
Salz, 40 g Speck, 1 Zwiebel, 2 gelbe Rüben, 1/2 Knolle Sellerie,
2 Stangen Lauch, 500 g Kartoffeln, Paprika,
1/4 l Fleischbrühe, 1 Bund Petersilie*

Fischfilets säubern, in mundgerechte Stücke schneiden, mit Zitronensaft beträufeln und durchziehen lassen, leicht salzen. Wurzelwerk und geschälte Kartoffeln in Scheiben schneiden. Den gewürfelten Speck in einem Topf anbraten, Zwiebeln zufügen und andünsten, dann herausnehmen. Das Wurzelwerk und Kartoffelscheiben lagenweise mit etwas gedünsteten Zwiebeln in den Topf einschichten, leicht salzen und mit Paprika bestreuen, als oberste Lage Kartoffelscheiben legen. Die Brühe zugießen und zugedeckt bei mäßiger Hitze 45 Minuten dünsten.
Den vorbereiteten Fisch 15 Minuten vor Ende der Garzeit auf den Eintopf legen. Mit der Petersilie bestreut anrichten.

69

EINTÖPFE MIT FISCH

KANADISCHER SEAFOOD-EINTOPF
(für 4 Portionen)

*200 g TK-Garnelen, 270 g Krabben aus der Dose,
1 Staude Bleichsellerie, 2 Zwiebeln, 40 g Butter, 300 g Kartoffeln,
1/2 l Wasser, 3/4 l Milch, Salz, Pfeffer, 100 g geriebener Käse,
1 Bund gehackte Petersilie*

Garnelen auftauen, Krabben abtropfen lassen. Bleichsellerie putzen, die Blätter abschneiden, die Stangen in 2 cm lange Stücke schneiden. Zwiebeln schälen und würfeln. Butter im Topf erhitzen, Bleichsellerie und Zwiebeln darin andünsten. Kartoffeln schälen und in kleine Würfel schneiden, mit dem Wasser in den Topf geben und das Gemüse in 15 Minuten garen. Topf vom Herd nehmen, Milch dazugießen, dann die Garnelen und Krabben zufügen. Mit Salz und Pfeffer würzen, Käse in die Suppe streuen und unterrühren.
Alles nochmals vorsichtig erhitzen, jedoch nicht kochen lassen. Wenn der Käse geschmolzen ist, mit gehackter Petersilie bestreut servieren.

FISCHRAGOUT CASABLANCA
(für 4 Portionen)

*750 g Goldbarschfilet, 2 EL Zitronensaft, Salz,
Cayennepfeffer, 2 Auberginen, 4 Fleischtomaten, 4 Zwiebeln,
1/4 l heiße Fleischbrühe, 1/4 Tasse Olivenöl, 1 Glas gefüllte
grüne Oliven, 1 Apfelsine, 50 g Kokosraspel*

Fischfilet unter kaltem Wasser abspülen, mit Küchenpapier trockentupfen und mit Zitronensaft beträufelt 5 Minuten ziehen lassen. Dann würfeln und mit Salz und Pfeffer würzen. Auberginen schälen, halbieren und in dünne Scheiben schneiden. Tomaten häuten und grob würfeln. Zwiebeln schälen, in feine Scheiben schneiden. Eine feuerfeste Form mit Butter einfetten. Gemüse und Fischwürfel abwechselnd einfüllen. Mit Fleischbrühe und Olivenöl begießen. Abgetropfte Oliven sowie die geschälte, gewürfelte Apfelsine darüber verteilen. In den vorgeheizten Ofen bei 200 Grad 30 Minuten garen. Kurz vor Ende der Garzeit in die sich bildende Sauce die Kokosraspeln geben.

FISCHEINTOPF MIT KAPERN UND OLIVEN
(für 4 Portionen)

*500 g Kartoffeln, 500 g Fischfilet, Saft von 1 Zitrone,
1 Zwiebel, 1 Knoblauchzehe, 4 EL Öl, 500 g Tomaten, 1 l Fischbrühe,
1 Bund Petersilie, 1 Glas grüne Oliven, 1 Glas Kapern*

Kartoffeln schälen, würfeln und in Salzwasser in 20 Minuten garen. Abgießen und trockendämpfen. Das Fischfilet unter kaltem Wasser abspülen, trockentupfen und mit Zitronensaft beträufelt stehenlassen. Zwiebel schälen und würfeln. Knoblauchzehe schälen und mit Salz zerdrücken. 2 Eßlöffel Öl in einem großen Topf erhitzen. Zwiebelwürfel und Knoblauch darin glasig werden lassen. Abgezogene, kleingeschnittene Tomaten darin andünsten. Die Fischbrühe angießen und 10 Minuten leicht kochen lassen. Fischfilet in grobe Stücke schneiden. Das restliche Öl in einer Pfanne erhitzen. Fisch salzen und im Öl in 10 Minuten braun braten. Kartoffelwürfel in der Fischbrühe erhitzen, den Fisch unterheben. In eine Schüssel füllen. Mit gehackter Petersilie, gehackten Oliven und abgetropften Kapern bestreut servieren.

ITALIENISCHER FISCHTOPF
(für 4 Portionen)

*1 Zwiebel, 1 Knoblauchzehe, 220 g Karotten, 5 EL Öl,
1 Dose Tomaten (400 g), 100 g schwarze Oliven, 1 Lorbeerblatt, Salz,
Pfeffer, 4 Scheiben Weißbrot, 4 Kabeljaufilets à 175 g, 300 ml
geputzte Miesmuscheln, 1 Bund gehackte Petersilie*

Zwiebel und Karotten schälen und in Scheiben schneiden, Knoblauchzehe schälen und durch die Presse drücken. 2 EL Öl in einem Topf erhitzen, Zwiebeln, Knoblauch und Karotten 2-3 Minuten darin anbraten. Die Tomaten mit dem Saft dazugeben, ebenso die Oliven und das Lorbeerblatt. Mit Salz und Pfeffer würzen. 15 Minuten köcheln lassen. Die Weißbrotscheiben in dem restlichen Öl goldbraun braten. Auf einem Küchentuch abtropfen lassen und

EINTÖPFE MIT FISCH

warmstellen. Den Fisch in den Topf geben und 5 Minuten kochen. Die Muscheln dazugeben und weitere 5 Minuten kochen, bis die Schalen sich öffnen. Alle geschlossenen Muscheln herausnehmen und wegwerfen. Den Fischtopf würzen und das Lorbeerblatt herausnehmen. Je eine Scheibe Weißbrot in einen Suppenteller legen, Kabeljaustücke darauf drapieren.
Mit einem Löffel das Gemüse und die Muscheln auf die 4 Teller verteilen. Mit Petersilie bestreuen und heiß servieren.

KABELJAU MIT CURRYSAUCE
(für 4 Portionen)

800 g Kabeljaufilets, Saft von 1 Zitrone, 1 Bund Suppengrün, Salz, 1 Zwiebel, 250 g Langkornreis. Für die Sauce: 45 g Butter, 40 g Mehl, 1 gehäufter EL Currypulver, 1/2 l Fischbrühe, Pfeffer, Zucker, 50 g Butter, 2 hartgekochte Eier

Kabeljau waschen, mit Küchenkrepp trockentupfen und dem Zitronensaft beträufeln. Suppengrün putzen, Zwiebel schälen, beides in kleine Würfel bzw. Scheibchen schneiden. Suppengrün und Zwiebel in 1 Liter kochendes, gesalzenes Wasser geben und 10 Minuten kochen lassen. Dann die Kabeljaufilets in die Brühe geben. Die Hitze reduzieren und den Fisch 20 Minuten garziehen lassen. Anschließend Fisch und Suppengrün mit dem Schaumlöffel aus der Brühe nehmen. Den Reis in gesalzenem Wasser in 15 Minuten bißfest kochen, abschrecken und gut abtropfen lassen. In eine Schüssel geben, etwas Fischbrühe dazugießen und warm stellen.
Für die Sauce Butter erhitzen. Mehl und Currypulver einstreuen, glattrühren und gut durchschwitzen lassen. Mit der Fischbrühe aufgießen, noch 5 Minuten kochen lassen, mit Pfeffer und 1 Prise Zucker abschmecken. Kabeljaufilets grob zerpflücken. Mit dem Suppengemüse in erhitzter Butter durchbraten. Mit dem Reis und den gewürfelten Eiern mischen. Currysauce darübergießen

Canberra-Schüssel, Rezept S. 103

DEFTIGE AUFLÄUFE

Deftige Aufläufe

NUDELAUFLAUF A LA ITALIA
(für 4 Portionen)

*250 g "extrabreite" Bandnudeln, Salz, 2 EL Öl,
500 g frischer Spinat oder 300 g TK-Blattspinat, 10 g Butter,
4 Scheiben Frühstücksspeck, 2 Zwiebeln, 1 Knoblauchzehe,
125 g geriebener Edamer, 1/4 l saure Sahne, 2 Eigelbe,
Pfeffer, geriebene Muskatnuß, 2 Eiweiße*

Die Nudeln in reichlich Salzwasser mit dem Öl nach Kochanleitung garen. Abgießen, kalt abspülen und abtropfen lassen. Frischen Spinat putzen, waschen und abtropfen lassen. TK-Spinat auftauen lassen. Die Speckscheiben halbieren, in einer Pfanne ausbraten und beiseite stellen. Das ausgelassene Fett in einen Topf gießen. Die Zwiebeln schälen, fein würfeln und darin andünsten. Die zerdrückte Knoblauchzehe hinzufügen.

Den Spinat für 2 Minuten dazugeben. Spinat, Nudeln, Speck und 2/3 des Käses in eine feuerfeste Form füllen. Die saure Sahne mit den Eigelben verrühren und mit Salz, Pfeffer und Muskat würzen. Die Eiweiße steif schlagen und unter die Eicreme ziehen. Über den Auflauf gießen und etwas unterheben. Mit dem restlichen Käse bestreuen und bei 200 Grad C 25 bis 30 Minuten backen. Dazu schmeckt eine Tomatensauce.

DEFTIGE AUFLÄUFE

EIER-NUDEL-AUFLAUF

(für 4 Portionen)

*400 g Bandnudeln, 250 g Porree, 20 g Butter,
1 Knoblauchzehe, 1/2 TL gemahlener Salbei, 200 g roher Schinken,
6 Eier, geriebene Muskatnuß, frisch gemahlener weißer Pfeffer,
Salz, 50 g geriebener Käse*

Die Nudeln nach Kochanleitung in reichlich Salzwasser bißfest garen. Abgießen, abschrecken und abtropfen lassen. Den Porree putzen, waschen und in kleine Ringe schneiden. In einer Pfanne in der zerlassenen Butter weich dünsten. Die zerdrückte Knoblauchzehe, Salbei und die abgetropften Nudeln dazugeben. Den Schinken in feine Würfel schneiden und hinzufügen. Alles etwa 5 Minuten unter häufigem Wenden braten. Das Ganze in eine gefettete, feuerfeste Form füllen.
Die Eier mit Muskatnuß, Pfeffer, Sahne und Salz verschlagen und die Masse über den Auflauf gießen.
Den Auflauf im vorgeheizten Backofen bei 225 Grad C etwa 30 Minuten backen. Vor dem Servieren den geriebenen Käse darüberstreuen.

CANBERRA-SCHÜSSEL

(für 4 Portionen)

*750 g Kartoffeln, 2 Zwiebeln, 2 TL Petersilie,
2 EL Blätter vom Stangensellerie, 1 Zweig Thymian und Majoran,
1/4 TL frisch gemahlener Pfeffer und Salz, 2 EL Butterflöckchen*

Die Kartoffeln schälen und grob reiben. Die Zwiebeln schälen und ebenfalls grob reiben, Petersilie und Stangensellerie klein hacken.
Alle Zutaten in einer großen Schüssel gut mischen. Mit Thymian, Majoran sowie Salz und Pfeffer würzen.
Eine Auflaufform mit Butter einfetten. Die Kartoffel-Zwiebel-Mischung hineinfüllen, gleichmäßig verstreichen und mit den Butterflöckchen belegen. Die Form mit Alufolie bedecken und in den vorgeheizten Backofen schieben. Nach 20 Minuten die Alufolie abnehmen, so daß die Kartoffeln in weiteren 20 bis 25 Minuten eine schöne braune Kruste erhalten.
Abbildung Seite 101

KARTOFFEL-VOLLWERT-AUFLAUF
(für 4 Portionen)

*1 kg festkochende Kartoffeln, 2 Gemüsezwiebeln,
2 EL Sonnenblumenkerne, 1/4 l Milch, 1/4 l Rinderbrühe, 2 Eier, Salz,
Pfeffer aus der Mühle, geriebene Muskatnuß, 2 EL kernige
Haferflocken, 2 EL Paniermehl*

Die Kartoffeln waschen, schälen, mit Küchenkrepp trockentupfen und in dünne Scheiben schneiden. Zwiebeln schälen und in Viertelringe schneiden. Eine flache Auflaufform mit Butter einfetten und die Zwiebeln hineinlegen. Kartoffelscheiben hineinschichten und ab und zu in den Auflauf verteilt Sonnenblumenkerne streuen. Milch, Brühe, Eier und Gewürze verquirlen. Haferflocken und Paniermehl über die Kartoffeln streuen und das Milch-Gemisch eßlöffelweise darüber verteilen, so daß möglichst zwischen jede Kartoffelscheibe etwas von der Flüssigkeit dringt. Nach Geschmack kann man während des Backens im 200 Grad warmen Backofen in 45 bis 60 Minuten, je nach Kartoffelsorte, einige Butterflöckchen auf den Auflauf geben. *Abbildung*

DEFTIGE AUFLÄUFE

DEFTIGER KARTOFFELAUFLAUF
(für 4 Portionen)

*1 kg festkochende Kartoffeln,
1/2 l Schlagsahne, 1/8 l Milch, 4 Eigelbe, Salz, Pfeffer, 40 g Butter,
100 g geriebener Emmentaler oder mittelalter Gouda,
40 g Butter*

Die Kartoffeln schälen und in Scheiben schneiden. Scheiben mit Küchenkrepp trockentupfen. Die Sahne und Milch aufkochen und abkühlen lassen. Die Eigelbe verquirlen und in die Sahne-Milch einrühren. Eine Auflaufform mit Butter einfetten. Kartoffelscheiben schuppenartig einlegen. Jede Schicht mit Salz und Pfeffer leicht würzen. Butterflöckchen darauf verteilen und mit dem geriebenen Emmentaler bestreuen. Darauf die Eigelb-Sahnemischung gießen. Nochmals mit Butterflöckchen belegen und im vorgeheizten Backofen bei 225 Grad auf der mittleren Schiene 60-70 Minuten gratinieren.
10 Minuten vor Ende der Garzeit mit Alufolie abdecken, damit der Auflauf nicht allzu braun wird.
Abbildung unten

DEFTIGE AUFLÄUFE

KARTOFFELSOUFFLE MIT SCHINKEN UND KÄSE
(für 4 Portionen)

*500 g festkochende Kartoffeln, 100 g Milch, 40 g Butter, Salz,
weißer Pfeffer aus der Mühle, frisch geriebene Muskatnuß, 4 Eigelbe,
200 g gekochten oder rohen Schinken, 100 g Emmentaler,
frische Basilikumblätter nach Belieben, 1 Bund Schnittlauch,
4 Eiweiße, 20 g Butter*

Die Kartoffeln mit Schale 20 Minuten kochen. Die noch heißen Kartoffeln pellen und durch eine Kartoffelpresse drücken. In einem kleinen Topf die Milch mit der Butter erwärmen. Salz, Pfeffer und Muskatnuß über die Kartoffeln streuen. Mit einer Küchenmaschine die warme Milch unter die Kartoffeln rühren. Nach und nach die Eigelbe hinzufügen. Schinken und Käse in feine Würfel schneiden und mit den feingeschnittenen Kräutern unter die Kartoffelmasse rühren. Gut abschmecken. Die Eiweiße steif schlagen und vorsichtig unterheben. Die Masse in eine gefettete Auflaufform füllen und bei 180 Grad C in 45 Minuten backen. Nach 30 Minuten die Butter darauf geben.

BUNTER PARADIES-NUDEL-AUFLAUF
(für 4 Portionen)

*350 g bunte Nudeln, 200 g Schinkenspeck, 1 große Zwiebel,
etwas Salz, Pfeffer und Oregano, 1 Tasse Milch, 2 Eier, Reibkäse,
etwas Butter*

Die Nudeln 7-8 Minuten in 2-3 l Salzwasser kochen.
Gewürfelten Schinkenspeck und gehackte Zwiebel anbraten. Milch und Eier verquirlen, mit den angebratenen Zwiebeln, Schinkenspeck sowie den Gewürzen verrühren. Eine Auflaufform mit Butter ausreiben. Die fertig gekochten Nudeln mit allen Zutaten vermengen, in die Auflaufform füllen und mit Reibkäse bestreuen. Im vorgeheizten Backofen bei 150 Grad C 30 Minuten überbacken. Dazu eine Tomatensauce reichen.

DEFTIGE AUFLÄUFE

KÄSEAUFLAUF
(für 1 Portion)

*30 g Spätzle, 250 g Porree, 1 große Tomate, 1/2 TL Butter,
Salz, frisch gemahlener schwarzer Pfeffer, edelsüßer Paprika,
40 g Camembert, 2 EL saure Sahne, Petersilie*

Die Nudeln in reichlich Salzwasser nach Kochanleitung garen. Den Porree putzen, waschen und in feine Ringe schneiden, die Tomaten waschen und achteln. Beides in der heißen Butter etwa 10 Minuten dünsten. Mit Salz, Pfeffer und Paprika würzen. Die abgetropften Nudeln mit dem gedünsteten Gemüse abwechselnd in eine kleine Auflaufform schichten. Den Camembert würfeln und mit der sauren Sahne gut verrühren.
Über den Auflauf gießen und etwa 10 Minuten überbacken lassen. Vor dem Servieren mit reichlich gehackter Petersilie bestreuen.

NÜRNBERGER NUDELAUFLAUF
(für 4 Portionen)

*250 g gedrehte Bandnudeln, 500 g reife Tomaten,
2 rote Paprikaschoten, 125 g Schinkenspeck, 2 kleine Zwiebeln, Salz,
frisch gemahlener schwarzer Pfeffer, Oregano, 4 Zwiebeln,
4 Paar Nürnberger Würstchen*

Die Nudeln nach Kochanleitung in Salzwasser bißfest garen. Inzwischen die Tomaten mit kochendem Wasser überbrühen, enthäuten und vierteln. Die Paprikaschoten waschen, entkernen und in Streifen schneiden. Den Speck klein schneiden und in einer Pfanne auslassen. Die Zwiebeln schälen, würfeln und darin kurz andünsten. Die Tomatenwürfel dazugeben. Alles mit Salz, Pfeffer und Oregano abschmecken. In eine gut gefettete Auflaufform abwechselnd Nudeln und Gemüse schichten. Die Zwiebeln schälen und in feine Ringe schneiden. Die Würstchen mit Zwiebelringen halbgar braten und als letzte Schicht auf den Auflauf legen. Den Bratensaft darübergießen und den Auflauf etwa 15 Minuten im vorgeheizten Backofen bei 150 Grad C überbacken.

DEFTIGE AUFLÄUFE

RHEINISCHER TOPFKUCHEN
(für 4 Portionen)

1 altes Brötchen, 1 Tasse heiße Milch, 250 g durchwachsener, geräucherter Speck, 1,5 kg Kartoffeln, 2 Zwiebeln, 1 Ei, Salz, Pfeffer aus der Mühle, geriebene Muskatnuß

Das Brötchen in der Milch einweichen und auspressen. Den klein gewürfelten Speck in einem großen Topf (möglichst ein gußeiserner) ausbraten. Die Kartoffeln schälen und fein reiben. Mit den geriebenen Zwiebeln, dem Ei, dem ausgepreßten Brötchen und der Milch vermengen und zu dem ausgebratenen Speck geben. Mehrmals umrühren und alle Zutaten gut vermischen. Mit Salz, Pfeffer und Muskat würzen. Den Topf ohne Deckel in den vorgeheizten Ofen stellen und 110 Minuten bei 200 Grad backen.
Dazu schmeckt Apfelmus oder Salat.
Abbildung rechts

ÜBERBACKENE PILZHÜTCHEN
(für 4 Portionen)

400 g Hütchennudeln, 250 g Waldpilze, 1 Knoblauchzehe, 2 EL Butter, Salz, Pfeffer, 200 g gekochter Schinken, 100 g Emmentaler, 4 hart gekochte Eier, 1 Tasse gebundene Bratensauce, 1/4 Glas trockner Weißwein, 100 g Parmesankäse

Die Nudeln in Salzwasser nach Kochanleitung bißfest garen. Inzwischen die Pilze putzen, kurz waschen, trockentupfen und in Scheiben schneiden. Den Knoblauch fein hacken. Die Pilze und den Knoblauch in der Butter braten, salzen und pfeffern. Ist die Flüssigkeit verkocht, vom Herd nehmen. Den Schinken, den Käse und die Eier in Würfel schneiden. Die Bratensauce mit dem Weißwein kurz aufkochen lassen. Die Nudeln abgießen und in eine eingebutterte feuerfeste Form geben. Pilze, Knoblauch, Schinken, Käse, Eier und die Sauce hinzufügen. Alles gut vermischen und mit Parmesankäse bestreuen. Im vorgeheizten Backofen etwa 30 Minuten bei 200 Grad C überbacken.

DEFTIGE AUFLÄUFE

PIKANTER KÄSEAUFLAUF
(für 4 Portionen)

*250 g kleine Nudeln (z.B. Hörnchen usw.),
250 g Schmelzkäse, 1/4 l Milch, je 1 Prise Salz und Pfeffer aus der
Mühle, 2 Fleischtomaten, 150 g Fleischwurst, 1 Bund frisches
Basilikum, Margarine für die Form*

Eine Auflaufform (26 cm Durchmesser) mit Margarine einfetten. Nudeln in kochendem Salzwasser nicht zu weich kochen, abgießen, mit kaltem Wasser überbrausen, in einem Sieb abtropfen lassen. Den Käse in Stückchen schneiden. Milch in einem Topf erhitzen. Käsestückchen dazugeben und mit dem Schneebesen so lange rühren, bis der Käse cremig geschmolzen ist, mit Salz und Pfeffer würzen. Tomaten kurz in kochendes Wasser tauchen, Haut abziehen und in Scheiben schneiden. Fleischwurst enthäuten, würfeln oder in Streifen schneiden. Basilikum waschen, Blätter von den Stielen zupfen. Nudeln, Tomatenscheiben, Fleischwurstwürfel und Basilikumblättchen abwechselnd in die Form schichten.
Die Käsesauce darübergeben und im Backofen bei 200 Grad C 35-40 Minuten überbacken.

Süsse Aufläufe

KALIFORNISCHER BROTPUDDING MIT »HARD SAUCE«
(für 4 Portionen)

8-10 Scheiben frisches Weißbrot ohne Kruste, 1/2 l warme Milch,
2 EL Orangenmarmelade, 3 Eigelbe, 3 Eiweiße, Salz, 80 g brauner
Zucker, 1 Päckchen Vanillezucker, 1 unbehandelte Zitrone,
125 g ungeschwefelte Rosinen (1 Stunde lang in Cognac oder
Cointreau marinieren)Für die "Hard Sauce": 40 g Butter, 100 g Puder-
zucker, 1 Prise Salz, 1 EL Cognac (oder 1 Tasse zerdrückte
frische Erd- oder Himbeeren)

Das Brot würfeln, in eine ausreichend große Schüssel geben, mit der warmen Milch übergießen und eine halbe Stunde stehen lassen. Die Masse locker durchmengen und die Orangenmarmelade dazugeben. Die Eigelbe mit dem Zucker und dem Vanillezucker schaumig schlagen, 1/2 abgeriebene Zitrone und die abgetropften Rosinen zu der Eimasse geben und das Ganze mit dem Brot vermischen. Den Saft einer halben Zitrone dazugeben. Die Eiweiße mit der Prise Salz steif schlagen und unter die Brotmasse heben. Alles in eine leicht gefettete feuerfeste runde Form geben. Die Form in einen Bräter oder entsprechendes Gefäß setzen, das Gefäß zu 2/3 mit kochendem Wasser auffüllen und im vorgeheizten Ofen bei 180 Grad C 45 bis 60 Minuten backen.

Für die "Hard Sauce" die Butter mit dem Puderzucker und dem Salz cremig aufschlagen, tropfenweise den Cognac dazufließen lassen, bis die Sauce glattgerührt ist. Ein bis zwei Stunden in den Kühlschrank stellen.

SÜSSE AUFLÄUFE

TOPFENPALATSCHINKEN
(für 4 Portionen)

Für den Teig: 100 g Mehl, 1 Eigelb, 2 Eiweiße, 1/4 l Milch, 1 Prise Salz, 20 g Butter. Für die Füllung: 250 g Quark, 50 g Rosinen, 4 EL Milch, 4 EL Rum, 1 Eigelb, 1 Päckchen Vanillinzucker, 2 EL Zucker, 1 TL Speisestärke

Mehl, Eigelb, Milch, Salz und Butter gut miteinander verrühren und 30 Minuten stehen lassen. Die Eiweiße steif schlagen und unter den Teig heben. In einer Pfanne mit erhitzter Butter dünne Pfannkuchen ausbacken. Für die Füllung die Rosinen in Rum einweichen. Den Quark mit den übrigen Zutaten schaumig rühren, die eingeweichten Rosinen hinzufügen und die Pfannkuchen mit der Quarkcreme bestreichen, aufrollen und nebeneinander in eine feuerfeste Form legen. Den restlichen Quark darauf verteilen und im vorgeheizten Ofen bei Mittelhitze 10-20 Minuten goldbraun backen.

QUARK-KIRSCH-AUFLAUF
(für 4 Portionen)

250 g Speisequark, 75 g Zucker, 1 Päckchen Vanillinzucker, 2 Eier, Saft und abgeriebene Schale einer unbehandelten Zitrone, 4 Semmeln, 1/4 l Milch, 40 g Butter, 500 g Kirschen

Den Quark mit dem Zucker, Vanillinzucker und den Eiern schaumig rühren. Den Zitronensaft und die abgeriebene Schale hinzufügen. Die Semmeln in kleine Scheibchen schneiden und mit erhitzter Milch übergießen. Eine Auflaufform mit Butter einfetten. Die eingeweichten Semmeln mit der Quarkmasse verrühren. Die Kirschen entsteinen, die Hälfte der Semmel-Quarkmasse in die Form füllen, nun 3/4 der Kirschen darübergeben und die restliche Quarkmasse darauf verteilen. Obenauf die zubehaltenen Kirschen legen, Butterflöckchen darüber verteilen und im vorgeheizten Backofen bei 200 Grad C etwa 40 Minuten backen. Mit Vanillesauce oder Kompott servieren.

SÜSSE AUFLÄUFE

FRENCH TOAST A LA CALIFORNIA
(für 4 Portionen)

*20 g Butter, 8 Scheiben Weißbrot oder Toastbrot,
125 g ungeschwefelte Rosinen, 4 Eier, 1 Päckchen Vanillezucker,
1 Prise Salz, 1/4 TL Zimt, 1/4 l Milch*

Eine längliche Auflaufform mit der Butter ausstreichen. Die Brotscheiben leicht überlappend in die Form schichten. Aufgeteilt zwischen jede Lage die Rosinen streuen. Die Eier, den Vanillezucker, das Salz, den Zimt mit der Milch mit dem Handrührgerät schlagen, über die Brotscheiben geben und etwa eine halbe Stunde ziehen lassen. Im vorgeheizten Ofen bei 200 Grad C goldbraun backen. Dazu paßt: Beerenobst, Ahorn Sirup oder Honig. *Abbildung*

SÜSSE AUFLÄUFE

PFLAUMEN-KARTOFFEL-AUFLAUF
(für 4 Portionen)

Für den Kartoffelteig: 600 g mehlige Kartoffeln, am Vortag als Pellkartoffeln gekocht, 60 g Crème fraîche, 1/4 TL Salz, etwas abgeriebene Muskatnuß, 3 TL Zucker, 3 Eiweiße. Außerdem: 25 g Butter für die Form, 2 EL Semmelbrösel, 600 g frische Pflaumen, 2 EL Zucker, 50 g Crème fraîche, 3 EL gehackte Haselnüsse, 40 g Butter, Zucker, Zimt

Die Kartoffeln pellen, durch die Presse drücken und mit den Zutaten für Kartoffelteig sowie dem steif geschlagenen Eiweiß verrühren. Eine feuerfeste Form ausfetten und mit den Bröseln ausstreuen. Die Hälfte der Kartoffelmasse hineingeben. Mit den gewaschenen, entsteinten Pflaumen bedecken und zuckern. Crème fraîche und Nüsse darüber verteilen. Dann mit der restlichen Kartoffelmasse bedecken. Butter in Flöckchen darübergeben.
Bei 220 Grad etwa 35 Minuten backen. Zucker und Zimt dazu reichen.

REISAUFLAUF MIT KANDIERTEN FRÜCHTEN, MANDELN UND SAUER-KIRSCHSAUCE
(für 4 Portionen)

1 l Milch, 1 Vanilleschote, 40 g Butter, 1 Prise Salz, 250 g Rundkornreis, 3 Eigelbe, 80 g Zucker, 100 g gehackte Mandeln, 150 g gemischte gehackte kandierte Früchte (z.B. Sukkade, Orangeat, Kirschen), 3 Eiweiße, 1 EL Semmelbrösel, 30 g Butter, 1 Glas entsteinte Schattenmorellen, 2 EL Vanillepuddingpulver, 2 EL Wasser, 200 ml Rotwein

Milch in einen Topf geben. Vanilleschote mit einem kleinen Messer längs aufschlitzen, auskratzen, Schote und Mark in die Milch geben, ebenso Butter und Salz. Milch zum Kochen bringen, Rundkornreis einstreuen, wiederum zum Kochen bringen, zudecken und bei kleinster Hitze in ca. 40 Minuten aus-

SÜSSE AUFLÄUFE

quellen, dann erkalten lassen. Vanilleschote herausfischen. Eigelbe mit Zucker schaumig rühren, zusammen mit Mandeln und kandierten Früchten unter den Reis mischen. Eiweiße zu sehr steifem Schnee schlagen und unterheben. Eine Auflaufform mit Fett ausstreichen, den Reisbrei einfüllen und glattstreichen. Mit Semmelbröseln bestreuen und Butterflöckchen belegen. Den Reisauflauf im vorgeheizten Backofen bei 200-210 Grad C in ca. 45 Minuten goldgelb backen.Für die Sauce die Sauerkirschen auf ein Sieb geben, Saft auffangen (= 200 ml) und erhitzen. Puddingpulver in Wasser anrühren, damit den Saft binden, gut durchkochen lassen, zur Seite ziehen. Den Rotwein und die Sauerkirschen hinzufügen und verrühren. Reisauflauf wie Sauerkirschsauce können sowohl heiß wie kalt serviert werden.

❖❖❖❖❖❖❖❖❖

APFEL-BROT-AUFLAUF
(für 4 Portionen)

3 Semmeln, 1 Tasse Milch, 40 g Zucker, 30 g flüssige Butter, 250 g saure Äpfel, 400 g Speisequark, 2 Eigelbe, 1 Päckchen Vanillinzucker, 30 g Zucker, 1 Prise Salz, 1 Päckchen Vanille-Puddingpulver, Saft und abgeriebene Schale von 1 unbehandelten Zitrone, 2 Eiweiße, 20 g Butter für die Form, 30 g Butterflöckchen, 2 EL Zucker. Für die Sauce: 2 Eier, 80 g Zucker, 1/4 l Apfelwein

Die Brötchen in Scheiben schneiden und mit kochender Milch übergießen. Zucker und Butter darübergeben und 15 Minuten durchziehen lassen. Die Äpfel waschen, schälen, in kleine Scheiben schneiden und unter die Semmelmasse rühren. Quark, Eigelbe, Vanillinzucker, Zucker, Salz, Puddingpulver, Zitronensaft und -schale gut verrühren. Die Eiweiße steif schlagen und unterheben.

Die Hälfte der Masse in eine gefettete Form füllen, den Quark darübergeben. Restliche Masse, Butterflöckchen und dann Zucker darüber verteilen. Alles bei 220 Grad etwa 45 Minuten backen. Für die Sauce die Eier, den Zucker sowie den Apfelwein in einem Topf verrühren. Dann bei geringer Hitze so lange schlagen, bis die Masse dick wird. Separat zum Auflauf servieren.

SÜSSE AUFLÄUFE

ISRAELISCHE DATTEL-LASAGNE
(für 8 Portionen)

*75 g Butter, 100 g Zucker, 3 Eigelb, 1/4 TL Zitronenschalenpulver,
500 g Quark, 40 g Speisestärke, 60 g Grieß, 1/2 Päckchen Backpulver,
3 Eiklar, 250 g Datteln, 40 g Butter für die Form, 4 EL Semmelbrösel,
6 feine Lasagne-Teigblätter aus Hartweizengrieß (ohne Vorkochen),
Zimt und Zucker zum Bestreuen*

Butter, Zucker und Eigelb in eine Schüssel geben und mit dem Handmixer schaumig rühren. Zitronenschalenpulver und Quark hinzufügen und alles gut vermischen. Speisestärke, Grieß und Backpulver vermengen und unter den Teig rühren. Eiklar steifschlagen und ebenfalls unter den Teig heben. Datteln halbieren, entkernen und längs in feine Streifchen schneiden, ebenfalls unter den Quark ziehen. Mit der Hälfte der Butter eine längliche Auflaufform (ca. 30 x 18 cm) ausfetten, mit der Hälfte der Semmelbrösel ausstreuen.

Zunächst den Boden mit etwa 1/3 des Quarkteiges bedecken, 3 Lasagne-Teigblätter darüberlegen. Dann nochmals 1/3 Quarkteig darüber geben und mit den restlichen Teigblättern bedecken. Zum Schluß die restliche Quarkmasse in die Form füllen. Die restlichen Semmelbrösel darüberstreuen, restliche Butterflöckchen obenaufsetzen und im vorgeheizten Backofen bei 200 Grad C ca. 40 Minuten backen. Den Auflauf mit Zimt und Zucker bestreuen, in 8 Stücke teilen und noch heiß servieren.
Abbildung rechts

SÜSSE AUFLÄUFE

RHABARBER-AUFLAUF MIT STREUSELN
(für 4 Portionen)

500 g Rhabarber, 120 g Zucker, 1 Vanillestange, 20 g Speisestärke,
3 EL Wasser, 150 g Mehl, 1 TL Zimt, 80 g Zucker, 80 g Butter

Den Rhabarber putzen und in kleine Stücke schneiden, mit dem Zucker bestreuen und Saft ziehen lassen. Die Vanillestange aufschneiden, das Mark herauskratzen und unter den Rhabarber mischen, dann in einen Topf geben und zum Kochen bringen. Die Speisestärke mit dem Wasser verrühren und das kochende Kompott damit binden. Eine Auflaufform mit Butter ausfetten und das Kompott einfüllen. Für die Streusel das Mehl in eine Schüssel sieben, mit dem Zimt und Zucker mischen, Butterflöckchen darüber verteilen, die Zutaten zu Streuseln verarbeiten und den Rhabarber damit bedecken. Die Form in die untere Schiene des vorgeheizten Backofens schieben und bei 180 Grad C 40 Minuten backen.
Noch heiß in der Form servieren.

❖❖❖❖❖❖❖❖❖

APRIKOSEN-AUFLAUF
(für 4 Portionen)

500 g Kartoffeln, 250 g Marzipan-Rohmasse, 9 reife Aprikosen,
5 Eier, abgeriebene Schale von 1 unbehandelten Zitrone, 2 TL Kirsch-
wasser, 1/4 l süße Sahne, 6 EL Zucker

Die Kartoffeln garkochen, pellen und noch heiß durch die Presse drücken, dann mit der Marzipan-Rohmasse verkneten. Eine flache Auflaufform mit der Masse auslegen.
Die Aprikosen an den Stielenden kreuzweise einschneiden, mit kochendem Wasser überbrühen, kalt abschrecken, die Haut abziehen, Früchte halbieren und entsteinen. Die Aprikosen mit der Rundung nach oben auf den Kartoffel-Marzipan-Teig legen. Die Eier, die Zitronenschale, das Kirschwasser, die Sahne und den Zucker gut schlagen, bis sich der Zucker aufgelöst hat, dann alles über den Auflauf gießen. Im vorgeheizten Backofen bei 180 Grad C 35-40 Minuten backen.

SÜSSE AUFLÄUFE

COUNTRY-QUARKAUFLAUF
MIT OBST
(für 4 Portionen)

125 g Naturreis, 500 g Obst (Rhabarber, Äpfel, Stachelbeeren usw.),
75 g Zucker oder Honig, 3 Eigelb, 100 g Zucker, 1 EL Zitronensaft,
500 g Quark, 3 Eiweiß, Butterflöckchen

Den Reis nach Packungsanweisung zubereiten und abkühlen lassen. Das Obst säubern, mit wenig Wasser und dem Zucker oder Honig garen. Eigelbe und Zucker schaumig schlagen. Quark, Reis, Zitronensaft und die steif geschlagenen Eiweiße unterrühren. Das Obst in eine gefettete Auflaufform füllen, mit der Quark-Reis-Masse bestreichen, mit Butterflöckchen belegen und im Ofen bei 200 Grad C etwa 30-40 Minuten backen.

❖❖❖❖❖❖❖❖❖

SCHOKOLADENREIS MIT
SAUERKIRSCHEN
(für 4 Portionen)

600 g Sauerkirschen, 2 EL Kirschwasser, 1 l Milch, 1 Prise Salz,
abgeriebene Schale einer unbehandelten Zitrone, 250 g Rundkornreis,
50 g Butter, 70 g brauner Zucker, 2 Eier (getrennt), 3 EL kleinge-
schnittene bittere Schokolade, 3 EL kleingehackte Haselnüsse

Die entsteinten Sauerkirschen in eine gefettete Auflaufform geben. Mit Kirschwasser beträufeln. Die Milch mit Salz und der Zitronenschale in einem Topf zum Kochen bringen. Den Reis waschen, einstreuen und bei geringer Hitze etwa 30 Minuten ausquellen lassen. Butter, Zucker und die Eigelbe schaumig rühren, die Schokoladenstückchen dazugeben und unter den etwas abgekühlten Reis mischen. Die Eiweiße steif schlagen, darunterziehen und die Haselnüsse über dem Auflauf verteilen. Den Auflauf im vorgeheizten Backofen bei 200 Grad C etwa 40 Minuten backen.

91

Rezeptverzeichnis

A

Amerikanischer Bohnentopf   32
Apfel-Brot-Auflauf   87
Aprikosen-Auflauf   90
Auberginen mit Reisfüllung   20
Auberginen-Tomaten-Auflauf   14

B

Badischer Nudeltraum mit Hackfleisch   42
Badisches Linsengericht   27
Baskischer Eintopf   56
Bunter Gemüseauflauf mit Maisgrieß
   und Bananen   15
Bunter Paradies-Nudel-Auflauf   78

C

Canberra-Schüssel   75
Chicoree mit Schinken in
   Kräuterkäsesauce   17
Chinesischer Garnelen-Eintopf   68
»Coque au Vin« mit bunten
   Paradies-Nudeln   46
Country-Quarkauflauf mit Obst   91

E

Eiergraupen-Eintopf   34
Eier-Nudel-Auflauf   75
Eintopf mit Hülsenfrüchten   30
Elsässer Ofentopf   54

F

Finnischer Eintopf   50
Fisch-Auflauf mit grünem Pfeffer   63
Fischeintopf mit Kapern und Oliven   71
Fischfilet mit Reis-Kruste   60

Fischfiletauflauf   65
Fischfilets Mailänder Art   67
Fisch-Gemüse-Eintopf   69
Fischpichelsteiner   69
Fischragout Casablanca   70
Fisch-Tomaten-Auflauf   61
Fischtörtchen   64
Fleischstrudel   44
Frankfurter Auflauf   40
French-Toast à la California   85
Frühlingsauflauf mit Kräutern   13

G

Gaisburger Marsch   52
Geflügeleintopf mit Nudeln   52
Gefüllte Goldbrasse   65
Gemüseauflauf mit Vollkorn-Spaghetti   14
Gemüseeintopf mit Oliven   35
Gemüsegulasch   32
Gemüse-Pie   18
Gemüserisotto   31
Geschmorte Makrele mit Tomaten   60

H

Holsteiner Eintopf   34
Hühnersuppentopf mit Reis   50

I

Irish Stew   47
Israelische Dattel-Lasagne   88
Italienischer Fischtopf   71
Italienischer Schmortopf   48

J

Jugoslawischer Eintopf   53

K

Kabeljau mit Currysauce 72
Kalifornischer Brotpudding
   mit »Hard Sauce« 83
Kanadischer Seafood-Eintopf 70
Kartoffelauflauf, deftiger 77
Kartoffelgulasch 28
Kartoffel-Hähnchen-Pfanne 58
Kartoffel-Käse-Auflauf 12
Kartoffelsouffle mit Schinken und Käse 78
Kartoffel-Vollwert-Auflauf 76
Käseauflauf 79
Kürbis-Zucchinigratin 11

L

Lieblings-Spätzle-Gemüseauflauf 18
Linsenauflauf 20
Linseneintopf 48

M

Merlan im Spinatbett 62
Minestrone nach Mailänder Art 36

N

Nudelauflauf à la Italia 74
Nudeleintopf mit Erbsen und Möhren 49
Nürnberger Nudelauflauf 79

O

Orientalischer Lammtopf 56

P

Pflaumen-Kartoffel-Auflauf 86
Pichelsteiner 54
Pikanter Gemüse-Flan 25
Pikanter Käseauflauf 82
Pilzeintopf 31
Polnischer Eintopf 53
Posthörnle-Auflauf mit Wirsing 19

Q

Quark-Kirsch-Auflauf 84

R

Reis mit Gemüse und gebratenem Tofu 29

Reisauflauf mit kandierten Früchten,
   Mandeln und Sauerkirschsauce 86
Reis-Tomaten-Topf 35
Reistorte mit Gemüse 24
Rhabarber-Auflauf mit Streuseln 90
Rheinischer Topfkuchen 80
Rosenkohl-Auflauf 23
Rosenkohl-Topf 30

S

Safran-Kartoffeln 26
Sauerkraut-Auflauf mit Kalbsleber 37
Sauerkraut-Gratin 41
Schellfisch im Porreemantel 61
Schokoladenreis mit Sauerkirschen 91
Schollenlocken auf Nudeln 66
Schweinebauch mit Karotten 57
Schweinemedaillons mit feinem Gemüse
   und Reis 38
Shii-Take-Sellerie-Quiche 22
Sizilianischer Nudelauflauf 40
Spargel-Lachs-Gratin 64

T

Tomaten-Broccoli-Auflauf 17
Topfenpalatschinken 84

U

Überbackene Broccoli-Nudeln 21
Überbackene Pilzhütchen 80
Überbackener Kabeljau 59
Ungarischer Kartoffelauflauf 22

V

Vollkorn-Spaghetti mit Schweinesteak 39

W

Wintergemüse 27
Wirsing-Kartoffel-Eintopf 29

Z

Zander mit Kräutersauce 62
Zucchini-Lamm-Auflauf 44

Bildnachweis

Titelfoto: Hochland GCI Ringpress
Umschlagrückseite: Maggi-Kochstudio
Aurora S. 13
Carmel S. 89
CMA S. 12, 28, 58, 73, 76, 77, 81
Fischwirtschaftl. Marketing-Institut S. 63
3 Glocken S. 21, 39, 43, 66
Info Banane S. 16
Kalifornische Rosinen S. 85
Maggi-Kochstudio S. 24, 51, 55
Meggle S. 47
Reis-fit S. 38
USA-Erdnüsse S. 33